# 지속 불가능 대한민국

# 지속 불가능 대한민국

서가
명강
26

**고도성장의 기적 이후,
무엇이 경제 혁신을 가로막는가**

**박상인 지음**

서울대학교
행정대학원 교수

**21세기북스**

**인문학**
人文學, Humanities

언어학, 역사학, 종교학,
문학, 고고학, 미학, 철학

**사회과학**
社會科學, Social Science

경영학, 심리학, 정치학, 사회학,
외교학, 법학, 경제학

**자연과학**
自然科學, Natural Science

과학, 수학, 천문학,
물리학, 생물학,
화학, 의학

**경제학**
經濟學,
Economics

**공학**
工學, Engineering

기계공학, 전기공학, 컴퓨터공학,
재료공학, 건축공학, 산업공학

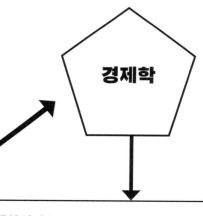

## 경제학이란?
### 經濟學, Economics

경제학이란 재화(goods)와 용역(services)의 생산과 분배, 그리고 지출에 관한 전반적인 경제 현상을 분석하고 연구하는 학문이다. 어원을 살펴보면 한자어 경제는 경세제민(經世濟民)의 줄임말로, '세상일을 잘 다스려 도탄에 빠진 백성을 구한다'는 뜻이다. 그리스어로는 '집, 가정'을 뜻하는 'oikos'와 '규칙' 혹은 '법'을 뜻하는 'nomos'의 합성어로, 가정을 잘 꾸리는 방법을 뜻했다.

# 이 책을 읽기 전에 주요 키워드

---

### 정부 주도-재벌 중심의 경제 체제

박정희 시대에 확립된 경제 체제로 수출을 잘하는 기업에게 특혜를 주면서
정부가 국가대표 선수라 일컫는 기업을 키우고, 이 기업이 수직계열화와
다각화를 통해 재벌을 형성하는 경제구조다.

---

### 수직계열화(垂直系列化) 전략

기업이 제품의 생산부터 판매까지 공급 사슬 전반을 각 분야의 계열사로
구성하는 전략이다. 자동차회사가 완성차에서 부품까지 수직계열화를 이
룰 경우 조달 부품의 가격 결정까지 주도할 수 있다.

---

### 한계기업

3년 동안 연속해서 영업이익으로 이자 비용을 충당하지 못하는 기업. 규
모가 큰 기업이 한계기업이 되면 정부가 산업은행을 통해 지원해주는 경
우가 많다. 회생 가능성이 희박한 기업의 파산을 막기 위해 정부나 채권단
이 무리하게 지원할 경우, 성장 잠재력이 있는 다른 기업에 투자되어야 할
사회적 자원을 가로채는 결과가 된다. 이는 결과적으로 국가 경제의 경쟁
력 손실을 유발한다.

---

### 슘페터주의 성장이론(Schumpeterian Growth Thoery)

창조적 파괴자로 유명한 경제학자 조지프 슘페터(Joseph Alois
Schumpeter)의 주장을 발전시킨 성장이론. 신고전파 성장이론인 AK 모
형에서 물적, 인적, R&D 자본이 경제성장을 견인한다고 설명하고 있는 것
과 달리 새로운 제품과 새로운 기술이 기득권자들을 대체함으로써 성장이
일어난다고 본 것이 슘페터주의 성장이론이다.

### 넛 크래커(Nut-Cracker) 현상

넛 크래커는 호두를 양쪽에서 눌러서 까는 일명 호두까기 기계다. 중국과 선진국 사이에 끼여 힘을 발휘하지 못하는 우리나라의 경제 상황을 호두까기 기계 속 호두에 비유해 일컫는 말이다. 우리나라가 선진국에 비해 품질과 기술력이 처지고, 중국에 비해서는 가격경쟁력에서 밀리는 상황을 나타낸 것이다.

### 개방형 혁신(Open Innovation)

기업들이 기업 내부뿐만 아니라 기업 외부의 연구 개발자원과 기술을 함께 활용하는 계약을 통해 혁신에 성공하는 현상을 일컫는다.

### 탄소중립(Carbpn Neutrality, Net Zero)

기업과 개인이 발생시키는 실질적인 이산화탄소 배출량을 '0(zero)'으로 만든다는 개념이다. 각 나라에서 지구온난화의 주범인 이산화탄소의 배출량을 조절하기 위해 탄소중립 운동을 활발히 시행하고 있다.

### 한국판 뉴딜

2020년 7월 정부가 발표한 정책으로, 코로나19 사태 이후 경기 회복을 위해 마련한 국가 프로젝트다. 2025년까지 디지털 뉴딜, 그린 뉴딜, 안전망 강화 등 세 개를 축으로 분야별 투자 및 일자리 창출이 이루어진다.

### 뉴 브랜다이스 운동

대 플랫폼 기업의 등장으로 시장경제 오작동에 대한 경고로 시작된 운동이다. 관련해서 미국 온라인 독점을 규제하기 위한 법안인 '온라인 경제 강화를 위한 독점 금지 어젠다'를 제정했다.

# 차례

## 1부    고도성장의 기적과 그림자

## 2부    한국 경제의 잠재적 위기, 무엇이 문제인가

"재벌 개혁을 핵심으로 하는 경제구조의 혁신
 없이는 한국 경제와 사회가 매우 심각한 위기와
 퇴행을 경험하게 될 것이다."

# 한국 경제, 성장과 위기의 갈림길에서

재벌은 한국 경제 발전의 주역이라는 긍정적 이미지와 사회적 물의를 일으키는 정의롭지 못한 집단이라는 부정적 이미지를 동시에 갖고 있다. 재벌 총수일가의 갑질, 일감몰아주기나 계열사 합병을 통한 사익 편취, 배임·횡령·분식회계 등 경제 범죄, 뇌물 공여 등 정경유착 범죄가 끊이지 않는다. 그리고 범죄의 유형 및 경중과 무관한 집행유예 및 사면과 복권 등에 우리는 분노한다. 하지만 한편으로는 경제에 부정적 영향을 미칠까 노심초사해서 재벌 총수에 대한 엄벌에는 부정적인 여론이 쉽게 형성되기도 한다.

그러나 재벌 문제를 단지 경제 정의의 문제나 경제에 부정적 영향을 미치는 스캔들 수준으로 단순화하는 것은 재벌 문제의 본질과 심각성을 간과한 것이다. 재벌 개혁을 외치는 것이 사회의 불의에 맞선 용기 있는 행동이라고만 취급하는 것도 재벌 문제의 심각성을 제대로 이해하지 못한 단순 반응일 뿐이다.

재벌 문제의 심각성은 한국 경제와 사회의 지속 가능성에 영향을 미치는 직접적이고 핵심적 이슈라는 점에 있다. 한국 경제는 1960년대 이후 정부 주도-재벌 중심의 발전 전략을 통해 유례없는 성장을 했고, 그에 따라 사회 경제구조도 바뀌었다. 전 세계적으로는 1990년대 이후 슘페터적 혁신이 중요한 성장 동력이 되면서 산업의 진화가 이뤄지고, 기후변화 위기의 고조로 탄소중립으로의 이행이 중요해졌다. 이런 경제성장 단계의 성숙과 외부 환경의 변화로 개도기식 정부 주도-재벌 중심의 발전 전략은 한계에 도달했다.

재벌 문제가 현 시점에서 중요한 이유는 재벌 개혁을 핵심으로 하는 경제구조의 혁신 없이는 한국 경제와 사회가 매우 심각한 위기와 퇴행을 경험하게 될 것이라는 절박한 위기의식 때문이다.

이 책에서는 한국 경제와 사회가 혁신형 경제, 포용적 성장, 탄소중립으로 이행하기 위해서 왜 재벌 개혁이 필요한지 살펴보고, 재벌 개혁을 포함한 포괄적인 한국 경제구조 자체를 바꾸는 혁신이 이뤄져야 하는 이유를 설명하고자 한다. 나아가 재벌 개혁을 포함한 한국 경제의 구조 개혁과 혁신은 지속가능한 우리 경제와 사회를 위해서 필요불가결함을 알리고자 한다. 비교적 딱딱하고 전문적인 내용을 강연 형태의 글로 전달하려고 시도했다.

1부에서는 1960년대 이후 정부 주도-재벌 중심의 발전전략의 성공 이유를 살펴보고, 경제가 발전함에 따라 모방형 성장전략이 혁신형 성장전략으로 바뀌어야 함을 논의한다. 제2차 세계대전 이후 서유럽 국가들과 일본은 국가 대표 기업을 육성하는 정책을 통해 전후 30년 동안 미국과의 격차를 성공적으로 줄였다. 그러나 1990년대 이후 오히려 격차가 더 확대된 국가도 있다. 특히 일본이 장기침체에 빠진 이유를 슘페터주의 성장이론으로 설명한다. 또한 동일한 오류를 우리도 반복하고 있음을 지적하고, 이런 오류의 반복에는 경제력 집중을 통해 우리 사회의 기득권이 되어버린 재벌의 이해 상충 문제가 있음을 살펴본다.

2부에서는 제조업의 넛 크래커 현상을 살펴본다. 1970년대 이후 중화학공업 육성 정책으로 형성된 현 재벌 체제와 제조업 구조로 인해 한국 제조업은 가격경쟁력과 생산공정 혁신에 의존하게 되었다. 특히 1997년 경제 위기 이후에 심화된 독과점화와 부품 소재 산업의 전속계약으로 인해 단가 후려치기와 기술 탈취가 만연했다. 이를 통해 재벌 대기업이 가격경쟁력을 유지하게 됨에 따라 제조업의 고도화가 단절되고 이른바 넛 크래커 현상이 발생했다.

이런 중화학공업 중심의 한국 제조업과 경제구조는 탄소중립 이행에 가장 큰 걸림돌이며, 문재인 정부 말기에 추진된 2050 탄소중립 시나리오나 2030 국가온실가스감축 상향안의 실현 가능성을 낮추는 요인임을 지적한다.

3부에서는 재벌 대기업 중심의 전속계약과 이에 따른 단가 후려치기와 기술 탈취가 혁신의 기회와 유인을 앗아가고 있다는 점과 제조업, 특히 중간재 산업에서 혁신과 융합을 가로 막고 있음을 살펴본다. 나아가 이로 인해 생기는 대기업과 중소기업의 격차, 정규직과 비정규직의 임금 격차 등이 소득 불평등으로 전이되면서 조기퇴직과 청년실업, 자영업의 문제와 노인빈곤, 저출산 등 우리 사회의 수많은 이슈의 근본 원인이 되었음을 논의한다. 또한 탄소중립으로 이행하지 못할 경우 한국 경제는 심각한 산업공동

화라는 극단적 상황에 부딪힐 수 있음을 경고한다.

4부는 혁신과 포용적 성장 및 탄소중립 이행을 위해서는 먼저 재벌을 중심으로 한 경제구조의 일대 개혁이 있어야 함을 강조한다. 또 이런 개혁을 가능케 하는 구체적인 정책들을 논의한다. 재벌 개혁의 내용은 2013년 전후에 이뤄진 이스라엘 개혁 사례를 우리 실정에 맞게 재설계하는 방안을 중심으로 설명한다. 여전히 이스라엘 개혁 사례를 의도적으로 무시하려는 시도들이 많은 게 사실이다. 한국 실정에 맞지 않는다는 등의 반박도 있다. 그러나 이런 반박은 이스라엘에 대한 이해도 우리 현실에 대한 이해도 너무 피상적으로 하는, 몰이해에서 비롯된 것일 뿐이다.

이 책은 많은 분의 도움으로 완성되었다. 서가명가 시리즈를 제안해주고 책의 구성과 세밀한 편집에 이르기까지 많은 조언을 해준 21세기북스 출판사 편집진에게 먼저 감사드린다. 집필 중에 불만 없이 묵묵히 내조해준 아내 황보경에게도 사랑과 감사의 말을 전하고 싶다.

2022년 10월

박상인

# 고
## 도
### 성장의

### 기적과

한국 경제는 1960년대 이후 사상 유례없는 고도성장의 신화를 이루며 '기적'이라 불렸다. 박정희 개발 체제하에서 진행된 정부 주도-재벌 중심 발전 전략은 성공을 거두었고, 그 결과 거대 재벌들이 등장했다. 그러나 모방형 추격 전략에 의존하며 성장에만 매진해온 한국 경제는 이제 그 한계를 드러내고 있다. 정부의 주도적 지원으로 재벌이 성장하며 만들어낸 빛과 그림자를 살펴본다.

## 박정희 개발 체제는
## 어떻게 경제 기적을
## 만들었나

### 주식회사 대한민국

한국 경제는 1960년대 이후 고도성장을 이루며 달려왔다. 이는 전 세계 어디를 둘러봐도 유례없는 독보적인 성장이다. 그런데 성장 가도를 달리던 한국 경제에 제동이 걸리기 시작했다. 2000년대 이후 시장 중심과 혁신형 경제로 이행하는 과정에서 문제가 드러나고 있다는 평가를 받고 있다. 한국 경제에 대해 이런 인식과 평가가 확산되는 이유가 무엇인지 알아보기 전에 그 이론적 배경을 먼저 살펴보려 한다.

1993년, 노벨경제학상을 받은 거시 경제학의 대가 로버트 루커스Robert Lucas는 경제학계에서 가장 권위 있는 학술지로 꼽히는《이코노메트리카Econometrica》에 한 편의 논문을 발표한다. 그 논문의 제목은 「기적 만들기」Making a Miracle다.

그는 논문 「기적 만들기」에서 1960년대 이후 한국이 이룩한 놀라운 경제성장을 가리켜 '기적'이라 표현했다.[1] 한국이 이룩한 지속적인 경제발전에 대해 놀라움을 표한 것은 루커스뿐만이 아니다. 전 세계의 많은 경제학자, 외국의 언론들이 한국의 경제성장을 두고 기적이라 불렀다. 한국이 이룩한 경제성장이 이처럼 세계적인 이목과 관심을 끌었던 이유는 무엇일까?

해방 이후 점차 회복되던 한국 경제는 한국전쟁으로 황폐화되었다. 한국전쟁 동안 우리가 입은 총 피해액은 1953년 국민 총생산의 85퍼센트에 해당하는 것이었다. 일반주택과 사회간접자본의 피해가 가장 커서 두 부문의 피해 규모는 전체의 72퍼센트를 차지했고, 공업 부문은 생산 시설의 절반을 상실했다. 한국전쟁이 끝나고 경제는 어느 정도 회복과 성장을 이어갔지만, 1960대 초 한국은 여전히 세계 최빈국 중 하나였다.[2]

1960년, 한국은 농업이 GDP의 36.6퍼센트를 차지하는 농경 사회였다. 1960년대 말까지 한국의 1인당 소득은 오히려 북한보다 낮았던 것으로 추정된다. 그런데 이랬던 한국이 제2차 세계대전 이후 신생 독립 국가들 중 저개발에서 탈출해 지속적인 성장을 이룩한 사실상 유일한 나라가 되었던 것이다.

## 정부 주도-재벌 중심 발전 전략은 어떻게 성공했나

1961년부터 한국의 경제발전을 주도한 것은 바로 박정희 개발 체제다. 박정희 개발 체제는 간단하게 설명해 정부 주도-재벌 중심의 발전 전략을 의미한다. 그렇다면 정부 주도-재벌 중심의 발전 전략이 성공할 수 있었던 이유는 무엇일까? 크게 세 가지 정도로 그 이유를 살펴볼 수 있다.

첫째, 1960년대와 1970년대는 금융 시장과 부품 시장이 발전하지 못한 상태였고 이 문제를 해결하는 데 정부 주도-재벌 중심의 발전 전략이 매우 효과적인 역할을 했다. 금융 시장과 중간재 시장이 발달하지 못한 상태를 학술적 용어로 표현하면 'Missing Institution'이라 한다. 'Institution'은 사전적 의미로는 '제도'를 뜻하지만 여기서는 '시장'으로 이해하는 게 더 적합하다.

다시 말해 1960~1970년대 당시 한국은 금융 시장이 사실상 부재했고, 국내 자본 시장이 거의 발전하지 못한 상태였다. 또한 기업들의 신임도가 낮았으며 해외에서 자본을 직접 조달하는 데도 어려움이 많았다. 결국 이를 해결하기 위해 정부가 나서야 했다. 정부가 기업 대신 차관으로 외채를 빌려오거나 산업은행이 보증을 통해 외채를 빌려와야 했던 것이다.

당시 정부는 그렇게 들여온 외자를 기업들에게 나눠주는 관치금융을 했고 산업 정책을 수행하는 역할까지 담당했다. 금융 시장의 부재로 인해 생겨난 여러 가지 문제들을 해결하기 위해 정부가 시장에 직접 개입해 중개 기능을 수행한 셈이다. 이로써 시장 부재의 문제를 효과적으로 해결할 수 있었다.

"우리가 화장품을 만들었는데, 그 화장품을 담을 플라스틱 화장품 용기를 만드는 회사가 없었다. 그래서 우리가 플라스틱 용기도 만들기 시작했다." LG의 고故 구자경 회장 자서전에 나오는 문장이다. 이게 대체 무슨 뜻일까?

1960~1970년대는 한국의 대기업들이 최종재를 만들기 시작하던 때였다. 그런데 문제는 최종재를 위해 필요한 부품이나 소재 등 중간재를 만드는 기업이 별로 없었다는 점이다. 그 때문에 대기업들이 최종재뿐 아니라 그와 관련

해 필요한 부품이나 포장 용기 등 중간재까지 만들기 시작했다.

이런 이유로 대기업들의 수직계열화가 시작되었다. 이로써 재벌이 형성되기 시작했고, 관치금융과 수직계열화를 통해 금융 시장과 부품 시장의 부재 문제에 효과적으로 대처할 수 있었다.

둘째, 모방을 통한 추격형 경제에 굉장히 효과적인 전략이었다고 볼 수 있다. 그 당시 우리는 주로 일본의 산업 정책을 모방했다. 일본에서 성공했던 산업들을 모방해 빠르게 쫓아가는, 이른바 추격형 성장 전략을 채택한 것이다. 일본의 성공 산업을 따른다는 것 차체는 쉬웠으나 핵심은 '얼마나 빨리 하느냐'였다.

박정희 개발 체제는 가용한 희소 자원들을 목표하는 산업에 집중적으로 투자해 빨리빨리 쫓아가는 방식을 취했다. 한국의 특징으로 꼽히는 '빨리빨리 문화'도 이때부터 생겨난 것으로 추측할 수 있다. 이렇게 모방형 추격 경제에서 자원을 효과적이고 효율적으로 동원하는 데 있어서는 정부 주도-재벌 중심의 전략이 굉장히 성공적이었다. 명령과 통제를 통한 이른바 군대식 거버넌스가 잘 작동될 수 있었기 때문이다.

셋째, 수출을 잘하는 기업에게 특혜를 주는 전략이 친경쟁적으로 작용하며 발전을 이끌었다. 사실 이것이 가장 중요한 이유라 할 수 있는데, 이에 대해 좀 더 자세히 살펴보자.

## 필리핀과 한국의 30년 후가 완전히 달랐던 이유

앞서 언급한 루커스는 그의 논문에서 한국과 필리핀을 비교해 설명하고 있다. 1960년대 초, 한국과 필리핀은 경제 성장의 조건이라는 측면에서 살펴볼 때 큰 차이가 없었다. 생활 수준 및 인구규모, 인구분포, 취학률schooling, 수출 품목 등 여러 측면에서 비슷한 수준이었다. 그런데 30년이 지난 후에는 어땠을까?

한국이 필리핀보다 무려 세 배 잘살게 됐다. 1960년부터 1988년까지 실질적인 필리핀의 1인당 GDP는 1년에 약 1.8퍼센트씩 성장한 반면 한국은 1년에 약 6.2퍼센트씩 성장했다. 그 결과 1988년 한국의 1인당 소득은 필리핀의 약 세 배 수준이 된 것이다. 루커스는 자신의 논문 「기적 만들기」의 서두를 이 이야기로 시작한다.

당시 필리핀은 어떤 경제 정책을 쓰고 있었기에 우리와 이토록 많은 격차가 벌어진 것일까? 사실 1970년대 당시 필리핀의 독재자였던 마르코스 대통령은 박정희 개발 체제를 따라 하겠다고 선언했다. 그리고 실제로 박정희의 방식 그대로를 따라 했음에도 마르코스는 성공하지 못했다. 그 이유는 무엇일까?

1996년부터 2003년까지 미국에서 경제학과 교수로 지낼 당시 나는 필리핀 학자들을 만나 이야기를 나눌 기회가 있었다. 필리핀의 경제발전에 대한 이야기를 나누다가 주제가 '마르코스의 박정희 따라 하기 전략이 왜 실패했는가'로 모아졌다.

그때 함께 이야기를 나누던 필리핀 학자들은 내게 이런 이야기를 들려주었다. "마르코스가 특혜를 친인척이나 친구들에게 나눠줬다."라는 것이다. 많은 개발도상국의 자본주의를 '크로니 캐피털리즘Crony Capitalism'이라 하는데, 이는 관계 자본주의로 해석된다. 자신의 친인척이나 친구 등 가까운 관계에 있는 이들에게 특혜를 나눠주는 자본주의다. 이런 식이면 당연히 경제발전에 제동이 걸릴 수밖에 없다.

그러나 박정희 개발 체제는 연고자나 가까운 이들에게

특혜를 주는 크로니 캐피털리즘이 아니었다. 박정희 전 대통령은 수출을 잘하는 기업에게 특혜를 줬다. 이 말인즉슨 굉장히 친경쟁적인 보상 체계를 가동했다는 의미다. 당시에는 수출 시장이 가장 경쟁적인 시장이었기 때문이다. 수출을 잘하는 기업은 경쟁력이 있는 기업이고, 그런 기업에게 온갖 특혜를 준 것이다.

당시 재정적, 금융적 특혜는 물론 노동 착취적인 특혜까지 몰아서 줬다. 그러다 보니 친경쟁적인 보상을 받기 위해서 기업들은 더 경쟁적이어야만 했다. 경쟁적인 기업일수록 특혜를 받았고 그로써 더욱 성공할 수 있었기 때문이다. 박정희 개발 체제가 다른 개발도상국과 달리 성공할 수 있었던 가장 핵심적인 이유가 바로 여기에 있다.

**부존자원의 저주**

박정희 전 대통령이 수출 잘하는 기업에게 온갖 특혜를 몰아준 이유는 무엇이었을까? 이와 관련해서는 관점에 따라 다양한 의견이 존재한다. 이 이유를 살펴보기 전에 먼저 부존자원의 저주와 원조의 맹점에 대해 알아보자.

경제발전론에는 '부존자원의 저주Curse of Natural Resources'라는 이야기가 있다. 언뜻 생각해보면 천연자원이 많은 나라가 잘살 것처럼 여겨진다. 그런데 실상은 그렇지 않다. 부존자원이 많은 나라가 발전하지 못하는 경우가 예상 외로 많다. 나이지리아는 석유 매장량이 매우 많은 나라인데도 발전하지 못했다. 브라질 역시 천연자원이 매우 많은 나라다. 베트남의 경우도 석유가 나는 것은 물론, 커피 생산량이 세계 2위다. 그런데도 이 나라들이 생각처럼 성장하지 못하고 있는 것은 왜일까?

보통 천연자원이 많은 나라의 경우 권력을 잡은 이들이 천연자원을 이용해 정권을 유지한다. 그리고 정권을 잡은 정치 엘리트들에게 부가 편중된다. 가만히 있어도 부자로 살 수 있으니 애써 경제발전을 위해 노력하지 않는 것이다.

나이지리아와 베트남의 경우 원유를 생산하는 나라임에도 불구하고 놀라운 사실이 있다. 바로 자국에 정유 시설이 없다는 점이다. 외국의 메이저 정유회사, 석유회사에 시추권을 주고 자신들은 한 발 물러서 있다. 만일 이 나라들이 '정유 시설을 자국 내에 만들고, 거기서 정유해서 나가야 한다'라는 조건을 붙였다면 당연히 국내에서 정유를 할 수 있는 상황이다. 그런데 이들은 그런 조건을 붙이지 않았다. 이 때문에 자국에서 시추한 원유를 해외에서 정유하고, 정유한 석유를 수입해서 사용하는 기현상이 벌어지는 것이다.

일반적인 상식으로는 이해하기 어려운 일이다. 그러나 그렇게 하는 데는 이유가 있다. 이들이 굳이 해외에서 정유한 석유를 수입해서 쓰는 이유가 무엇인지, 정치 엘리트 관점에서 이해관계를 따져 생각해보자.

원유를 수출하고 다시 정유된 석유를 수입하면 해외 거래가 두 번 일어난다. 바로 여기에 포인트가 있다. 일단 해외 거래를 할 때 뇌물을 받고, 뇌물로 받은 돈을 해외로 빼돌리기가 굉장히 용이하다. 이런 맹점을 활용해 부당한 이득을 취하고자 정유 시설을 국내에 두지 않은 것이라고 추측해볼 수 있다. 이는 천연자원, 즉 부존자원이 많은 나라의 정치 엘리트들이 경제발전은 뒷전인 채 자기 주머니만 챙기며 부패하는 모습의 전형인지도 모른다.

## 원조는 어떻게 부패로 이어지는가

원조를 많이 받는 나라의 경우에도 정치 엘리트들이 부패하면서 경제가 발전을 멈추는 일이 많다. 이와 관련해 최근에 굉장히 재미있는 연구가 월드 뱅크World Bank에서 진행된 적이 있다. 외국에서 원조를 받는 나라들을 중심으로 원조를 받은 이후 그 나라에서 조세회피처로 돈이 나간 적이 있는지를 실증적으로 분석해본 것이다. 분석 결과 원조를 받고 얼마 지나지 않아 조세회피처로 돈이 나가는 정황이 있음을 찾아냈다.[3]

결국 원조받은 돈을 경제발전에 쓰는 것이 아니라, 해외로 빼돌려 부패한 권력층이 착복했다는 의미다. 일례로 아프가니스탄에서 미국이 철수한 다음, 탈레반이 정권을 장악하는 과정에서 기존 아프간 정부가 굉장히 부패했음을 폭로한 적이 있다. 미국의 원조가 국가의 발전을 위해 쓰이지 않고, 부패한 정치 권력 및 엘리트들에 의해 모두 해외로 빼돌려졌다는 것이다. 국가 간 원조에서 발견되는 맹점을 다시 생각해보게 하는 대목이다.

그렇다면 필리핀은 어땠을까? 우선 마르코스 대통령은 지주 집안 출신이었다. 그뿐 아니라 과거 필리핀 대통령들의 경우 상원의원 출신인 동시에 지주 집안 출신인 이들이 많았다. 이는 저개발 국가 정치인들에게서 두드러지게 보이는 특징으로, 유독 기득권층 출신이 많은 편이다.

앞서 언급한 것처럼 모든 기득권과 부를 자신들이 독점하고 있기 때문에 그들은 굳이 경제발전의 필요성을 느끼지 않는다. 사실 경제발전을 의도적으로 원치 않는다는 것이 더 정확한 표현이다. 경제가 발전해 중산층이 생겨나면 오히려 자신들의 기득권이 위협받을 수 있으므로 애초 그런 일을 만들지 않는 것이다.

## 박정희 체제가 수출 기업에 특혜를 몰아준 이유

다른 저개발 국가의 권력자들 대부분이 기득권 출신이었던 것과 달리 박정희 대통령은 기득권 출신이 아니었다. 그는 군사 쿠데타를 통해 새로 형성된 신생 정치 세력이었다. 게다가 경제발전을 통해 자신의 쿠데타에 대한 정당성을 획득하려 했기 때문에 경제를 발전시켜야 한다는 목적의식이 분명했다.

그런데 우리나라는 천연자원이 별로 없는 나라다. 한국전쟁 이후 1950년대까지는 미국에서 원조를 받다가 1960년대 들어오면서 원조가 대폭 줄어들기 시작했다. 이런 이유로 공업화를 통해 경제성장을 하기 위한 초기 투자 자금은 해외 차입에 의존할 수밖에 없는 상황이었고, 수출해서 달러를 벌어야만 빚진 돈을 갚을 수 있었다. 박정희 체제가 수출 잘하는 기업에게 특혜를 주는 정책을 쓴 데는 이런 이유들이 자리한다.

내수 시장과 달리 수출 시장은 경쟁적인 시장이었기 때문에 결국 수출 잘하는 기업은 경쟁력 있는 기업이라는 의미가 된다. 따라서 수출 잘하는 기업에게 특혜를 몰아주는 보상 체계는 친경쟁적 보상 체계였던 셈이다. 1970년대 이후 중화학공업 육성 정책을 본격화하면서 수출 잘하는 대기업 중심으로 수직계열화와 다각화가 나타났고, 그 과정에서 이른바 재벌들이 형성되기 시작한다.

이런 정부 주도-재벌 중심 발전 전략은 경제발전 초기, 그리고 발전이 어느 정도 수준에 이르기까지는 매우 성공적이었다. 그러나 경제가 발전하면서부터는 다른 양상이 펼쳐졌다. 과거의 이 성공 공식이 더 이상 작동하지 않는 것이다. 오히려 새로운 발전 단계에 더 적합한 새로운 체계로 이행하는 데 걸림돌이 되고 있다.

# 정부 주도-재벌 중심
# 발전 전략의 한계

## 경제 발전에 따라 경제와 산업 구조는 어떻게 변화했는가

이미 논의했듯이 1960년 이후 한국은 지속적인 고도성장을 이룩했다. 다음에 나오는 표 '주요 경제지표(1960~2000)' 는 1960년부터 2000년까지 한국 경제의 구조 변화를 보여준다. 2000년의 1인당 GDP는 1960년 수준의 15배 정도로 급성장했다. 대학교 이상 진학률은 1971년 6.8퍼센트에서 2000년 76.6퍼센트로 40년간 약 11배 증가했다. GDP 대비 국내총투자도 1960년에 10.5퍼센트에서 1990년에 39.6퍼센트로 급증했다가 2000년에는 32.9퍼센트로 줄어들었다. 인구도 40년간 거의 두 배 가까이 증가했다. 인구 증가와 1인당 GDP 증가를 고려하면, 1960년에 비해

| | 연도 | | | | |
|---|---|---|---|---|---|
| | 1960 | 1970 | 1980 | 1990 | 2000 |
| 인구(천 명) | 25,012 | 32,241 | 38,124 | 42,869 | 47,008 |
| 1인당 GDP(2015년 미국 달러 기준) | 1,027 | 1,977 | 4,056 | 9,365 | 16,992 |
| 노동시장 참여율 (%) | 50.1 | 56.3 | 59.0 | 60.0 | 61.6 |
| 실업률(%) | 11.7 | 4.5 | 5.2 | 2.5 | 4.1 |
| 대학 이상 진학률 (%) | NA | 6.8 (1971 기준) | 12.4 | 36.5 | 76.7 |
| GDP 대비 수출 (%) | 2.6 | 11.4 | 28.4 | 25.0 | 33.9 |
| GDP 대비 국내총투자(%) | 10.5 | 26.3 | 34.0 | 39.6 | 32.9 |
| 국내총투자 대비 해외저축(%) | 16.5 | 27.7 | 26.1 | 1.5 | −3.3 |
| 도시화율(%) | 27.7 | 40.7 | 56.7 | 73.8 | 79.6 |
| GDP에서 농업, 산림업, 어업 비중 (%) | 36.6 | 26.5 | 14.3 | 7.6 | 3.9 |

주요 경제지표(1960~2000)[4]

2000년에 국내총생산은 30배 정도 증가한 셈이다.

앞의 표 '주요 경제지표(1960~2000)'는 또한 산업 및 사회 구조의 변화도 보여주고 있다. 농업·산림업·어업이 GDP에서 차지하는 비중은 1960년 36.6퍼센트에서 2000년 3.9퍼센트로 급격히 줄어들었다. 반면 도시화율은 1960년 27.7퍼센트에서 2000년 79.6퍼센트로 급격하게 증가했다. 실업률은 1960년에 11.7퍼센트 수준에서 1970년에는 4.5퍼센트로 급감했으며, 이후 2퍼센트 중반에서 4퍼센트 초반 수준을 유지하고 있다. 이에 반해 노동시장 참여율은 50.1퍼센트에서 61.6퍼센트로, 지난 40년간 10퍼센트포인트 이상 증가했다. 경제발전의 결과, 한국이 제조업 중심의 도시화된 사회로 급속히 변모했음을 알수 있다.

## 정부 주도-재벌 중심 발전의 한계

그런데 1997년 경제 위기를 지나 2000년대에 접어들자 정부 주도-재벌 중심의 발전 전략은 수정되어야 한다는 의견이 나오기 시작했다. 그 이유는 무엇일까?

첫째, 과거 개도기 시절의 전략으로 경제는 발전했지만,

경제가 발전하자 더 이상 그 성장 전략이 긍정적으로 작동되지 않고 오히려 부작용만 야기했기 때문이다. 2000년대 이후 한국은 금융 시장이 발전하고 부품 시장이 성장하면서 시장의 부재 문제가 다 해소됐다. 이와는 대조적으로 시장이 존재하는데 관치를 하니 관치금융의 부작용은 더욱 심해져갔다.

또한 부품 시장이 성장하면서 중소기업들도 발전하기 시작했다. 그런데 재벌들이 과도하게 수직계열화를 하면서 부품 시장 자체의 성장을 억누르는 형국이 되면서 문제가 생기고 있다. 과거 시장이 없었을 때는 일정한 개입이 성장에 긍정적 요인으로 작용했으나, 시장이 발전한 단계에서 개입하니 오히려 부작용만 야기하는 것이다.

둘째, 경제발전으로 모방형 성장이 한계에 도달했기 때문이다. 기술 프런티어 관점에서 보면 저개발 상태에 있다는 것은 기술 프런티어에서 멀어져 있는 상태라는 뜻이다. 반면 발전했다는 말은 프런티어에 가까이 다가가 있다는 뜻이다. 프런티어에서 떨어져 있을 때는 모방을 통해 따라가는 게 빨리 성장하는 방법이다. 하지만 프런티어에 가까이 간 상황에서는 더 이상 모방을 통해 성장할 수 있는 여력이 없어지기 때문에 혁신으로 성장해야 한다. 즉, 스스로 혁신해야만 성장할 수 있는 환경으로 바뀐 것이다.

정부 주도-재벌 중심의 발전 전략은 개도기 시절, 정해진 목표 지점에 최대한 빨리 도달하기 위해서 자원을 동원하는 데는 효과적이었다. 하지만 혁신형 성장이 필요한 시대에서는 더 이상 그 전략이 통하지 않는다.

혁신형 성장기는 불확실성이 지배한다. 누가, 무엇이, 어떻게 성공할지 알기 어렵다. 이런 경영 환경에서 정부가 나서서 발굴 육성하려 들면 실패할 수밖에 없다. 즉 정부 주도-재벌 중심의 발전 전략이 지닌 가장 큰 한계점은 바로 혁신 성장의 불확실성과 같이 갈 수 없다는 것이다. 혁신 성장과 불확실성의 문제는 제2부에서 보다 상세히 다루기로 하자.

## 1990년대 이후 미국과 서유럽의 격차가 벌어진 이유

한국 경제는 정부가 국가대표 선수인 재벌 대기업을 육성하는 정책 중심으로 발전해왔다. 그러나 이런 육성 정책이 한계에 부딪힌 것은 한국만의 문제는 아니다.

우리처럼 강력한 정부 주도-재벌 중심의 발전 전략을 채택하지는 않았지만, 일본과 유럽도 제2차 세계대전 이후 미국을 추격할 때 국가가 중요한 기업들을 키우기 위해 투자 보조금을 주는 등 경쟁 정책보다는 국가대표 선수<sup>National</sup> Champion 육성 정책에 더 집중했다.

물론 한국의 육성 정책 강도가 일본이나 서유럽보다 심했던 것은 사실이다. 일본은 정부 주도의 산업 정책에 주안점을 두었지만 우리는 금융과 산업을 합친 강력한 정부 주도의 정책을 펼쳤다. 제2차 세계대전 이후 일본에서는 이미 대형 민간 은행들이 존재했고, 종전 이전까지 이들 대형 은행은 일본 재벌의 중심 역할을 했다. 제2차 세계대전 이후 맥아더 군정은 일본 재벌을 해체했다. 그러나 이후 다시 계열 형태로 대기업집단이 형성되었으며, 이때도 대형 은행이 계열 형성에서 중심 역할을 수행했다.

재벌과 계열은 외형상 유사한 기업들로 구성된 기업집단이었으나, 계열은 재벌과 달리 총수일가가 더 이상 존재하지 않는다는 점에서 달랐다. 계열은 주요 계열사 간에 상호출자를 통해 서로의 경영권을 보호했으며, 주로 계열 은행을 통해 자본을 조달했다. 따라서 제2차 세계대전 이후 일본 고도 성장기에 금융 시장의 부재 문제는 없었다. 그리고 일본 정부는 통상산업성<sup>Ministry of International Trade and Industry, MITI</sup>

을 중심으로 산업 육성 정책에 전념했다.

서유럽은 일본과 같은 정부 주도의 산업 정책을 펼치지는 않았지만, 영국을 제외한 유럽 대륙에서는 시장 외적인 면에서 민간이 산업 조정을 주도했다. 예를 들어 살펴보자. 독일 기업들은 감독이사회와 경영이사회라는 '이중 이사회 제도Two-tier Board Structure'를 가지고 있었다. 그런데 많은 기업들의 감독이사회에 주요 은행이나 보험회사의 동일한 경영진이 참여함으로써 이른바 이사 네트워크Director Network를 통한 기업들의 의결 조율이 일어났다.[5]

일본과 서유럽은 국가대표 선수를 키우고 이를 위해 투자 보조금을 주거나 반경쟁적인 정책을 통해 육성함으로써 제2차 세계대전 이후 미국을 빠르게 따라갈 수 있었다. 하지만 1990년대부터 다시 미국과 격차가 벌어지게 된다. 1995년부터 2000년 사이에 EU의 경제성장률은 연 2퍼센트 미만인데 반해, 미국의 경제성장률은 연 3퍼센트로 성장 격차가 다시 확대되었다.[6] 유럽은 미국을 추격하며 육성과 투자를 촉진하기 위한 지원 정책을 펼쳤지만 한계에 봉착하고 말았다.

## 솔로 성장 모형과 AK 모형

경제성장론 내지는 경제발전론의 이론적 모형에는 크게 세 가지가 있다. 가장 먼저 나온 모형이 '솔로 성장 모형'이다. 이는 1987년 노벨경제학상을 받은 경제학자 로버트 솔로Robert Merton Solow 교수가 이론화한 것이다.

일반적으로 재화의 생산 과정에서 노동·자본재 등 생산요소의 투입량이 정해지면 가용한 기술에 따라 산출량이 정해진다. 이처럼 산출량과 생산요소의 투입량 사이에는 일종의 함수관계가 있을 수 있는데, 이를 '생산함수Production Function'라고 한다. 그리고 생산함수에는 크게 세 가지 요소가 있다. 물적자본, 노동력, 기술 수준이다. 산출량은 이 세 가지에 의해서 결정된다.

국가 경제 전체 수준에서도 이와 유사하게 생산함수를 설정해볼 수 있는데 국가 경제 전체의 생산량은 국내총생산, 즉 GDP가 된다. 또 국내총생산의 증가율은 경제성장률이 된다. 따라서 국내총생산의 결정 요인과 성장률에 대한 연구는 노동, 자본, 생산기술 수준과 성장률에 초점을 맞춰왔다.

솔로 성장 모형이 나왔을 때는 물적자본의 축적이 경제성장을 이끈다고 보았다. 당연히 그 당시 솔로 모형이 생각했던 것은 중화학공업 중심의 발전이었다. 1인당 자본 축적이라는 것이 바로 경제성장과 밀접한 관련이 있다고 생각했고, 그래서 1인당 자본 축적을 매우 중요하게 생각했다.

그런데 1970년대에 이르러 미국의 학자들을 중심으로 물적자본보다 인적자본이 더 중요하다는 인식이 확산되기 시작했다. 인적자본이 기술의 발전의 핵심이라는 것이다. 인적자본이 더 중요시된 이유는 무엇일까?

솔로 성장 모형은 이른바 고전학파 생산함수를 기반으로 하는데, 고전학파 생산함수의 특징은 한계생산성이 체감한다는 것이다. 따라서 1인당 자본이 축적될수록 1인당 한계생산은 감소해 궁극적으로 '0'으로 수렴하게 되고, 경제성장률도 점점 '0'으로 수렴하게 된다. 그런데 제2차 세계대전 이후 미국의 경제성장률 데이터를 보면 성장률이 '0'으로 수렴하지 않고 2퍼센트 수준을 지속적으로 유지함을 알 수 있다. 이를 설명하기 위해 '내생적 성장이론 Endogenous Growth Theory'이 제시되었다.

AK 모형은 이런 '내생적 성장이론'을 가장 잘 나타내는 단순한 모형이라고 할 수 있다. 즉, 총생산은 A와 K의 곱으로 계산될 수 있는데, 이때 A는 상수이고 K는 인적·물적·

R&D자본의 총합을 의미한다. AK 모형에서 경제는 자본의 축적 때문에 성장한다는 것을 기본으로 한다. 그런데 여기서 자본은 솔로 성장 모형에서 말한 물적자본뿐 아니라, 인적자본과 R&D자본까지 모두 포함한 자본이다. 또한 AK 모형은 고전학파 생산함수와 달리 한계생산성 체감을 가정하지 않고 있으므로, 자본 축적에 의해 지속가능한 성장을 설명할 수 있다. AK 모형에서 성장률은 결국 저축률 또는 투자율에 의해서 결정된다.

## 성장률 격차는 어디에서 비롯되는가

제2차 세계대전 이후 서유럽은 미국과 격차를 좁혔는데, 이는 AK 모형으로 설명할 수 있다. 서유럽은 투자와 저축을 미국보다 더 많이 하면서 빠른 속도로 미국을 쫓아갔다. 물론 R&D 투자 비율은 미국이 서유럽보다 높았지만 서유럽은 계속해서 높은 물적자본 투자율과 저축률로 미국을 추격했다.

그런데 문제는 유럽의 저축률과 투자율이 여전히 미국과 비슷하거나 높았음에도 불구하고 1990년대부터 성장률의 격차가 다시 벌어졌다는 것이다. 이로써 인적·물적자

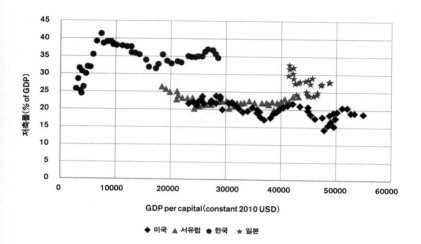

**미국과 유럽, 한국과 일본의 저축률 대비 경제성장률**[7]

참고 1: EU는 GDP를 가중평균한 EU 15개국을 의미하며, EU 15개국은 오스트리
아, 벨기에, 덴마크, 핀란드, 프랑스, 독일, 그리스, 아일랜드, 이탈리아, 룩셈부르크,
네덜란드, 포르투갈, 스페인, 스웨덴, 영국이다.
참고 2: 미국은 1970~2018 자료, EU는 1969~2019 자료, 일본은 1996~2018
자료, 한국은 1976~2019 자료이다.

본의 축적 때문에 미국과 유럽의 격차가 줄어드는 것을 설
명하던 AK 모형의 한계가 드러나게 되었다. 즉, 1990년대
이후 미국과 유럽의 인적·물적자본 축적에 차이가 없었는
데도 다시 격차가 벌어지면서 AK 모형이 더 이상 성장률

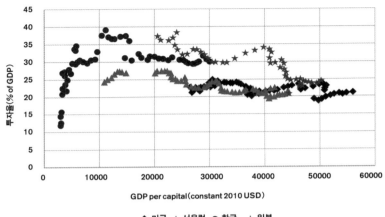

◆ 미국　▲ 서유럽　● 한국　★ 일본

**미국과 유럽, 한국과 일본의 투자율 대비 경제성장률**[8]

참고 1: EU는 GDP를 가중평균한 EU 15개국을 의미하며, EU 15개국은 오스트리아, 벨기에, 덴마크, 핀란드, 프랑스, 독일, 그리스, 아일랜드, 이탈이아, 룩셈부르크, 네덜란드, 포르투갈, 스페인, 스웨덴, 영국이다.
참고 2: 미국은 1972~2018 자료, EU는 1960~2019 자료, 일본은 1970~2018 자료, 한국은 1960~2019 자료이다.

격차의 원인을 설명할 수 없게 된 것이다.

저축률을 보면 서유럽이 미국보다 저축을 더 많이 한 것을 알 수 있다. 1990년대 이전에는 저축을 많이 함으로써 성장률이 더 빨랐는데, 1990년대 이후에는 저축을 더 많이

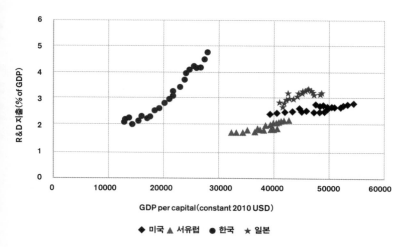

◆ 미국 ▲ 서유럽 ● 한국 ★ 일본

**미국과 유럽, 한국과 일본의 R&D 지출 대비 경제성장률[9]**

참고 1: EU는 GDP를 가중평균한 EU 15개국을 의미하며, EU 15개국은 오스트리아, 벨기에, 덴마크, 핀란드, 프랑스, 독일, 그리스, 아일랜드, 이탈이아, 룩셈부르크, 네덜란드, 포르투갈, 스페인, 스웨덴, 영국이다.
참고 2: 미국, EU, 일본, 한국 모두 1996~2018 자료이다.

함에도 불구하고 오히려 성장률에 격차가 생겼다. 위의 도표를 보면 X축은 1인당 GDP 수준을 나타내고 Y축은 저축률을 나타낸다. 세모 표시가 서유럽 15개국 평균 저축률인데, 미국과 1인당 GDP 소득 수준이 같은 경우 미국에 비해 서유럽이 더 많이 저축하고 있었음을 알 수 있다.

한국은 서유럽이나 미국보다 저축률이 훨씬 높은 것을 알 수 있다. 1990년대 이후 잃어버린 30년이 지속되고 있는 일본도 서유럽과 1인당 소득 기준이 동일한 경우, 서유럽보다 저축률이 더 높은 것을 알 수 있다.

투자율을 보더라도 미국의 투자율은 1인당 소득 수준에 따라 보통 20~25퍼센트 사이를 유지하고 있으며 서유럽 국가들도 비슷해지고 있다. 반면 한국의 1인당 투자율은 동일한 소득 수준과 비교하면 서유럽 국가보다 훨씬 높은 것을 알 수 있다. 일본은 동일한 소득 수준에서 서유럽 국가보다 1인당 투자율이 월등히 높다가 지금은 급격히 떨어지고 있으며, 우리나라 역시 떨어지기 시작했다.

R&D 투자 비중은 미국에 비해 서유럽이 항상 낮았다. 이와 달리 우리나라는 R&D 투자 비중이 굉장히 높고, 일본도 미국과 유럽보다는 높다. 일본은 성장률이 가장 낮음에도 불구하고 R&D 투자 비중은 더 높게 나타났다.

이를 AK 모형에 대입해 보면 일본은 미국이나 유럽과 비교해서 성장률이 더 높아야 한다. 그런데 1990년대 이후 일본의 성장률은 가장 낮다. 이처럼 1990년대 이후 일본과 유럽 사이에 생겨나는 성장의 격차를 AK 모형으로는 더 이상 설명하기 어렵다는 결론에 이르게 된다.

국가대표 기업을 육성하고 그런 기업 중심의 투자에 의존해서 급격히 성장한 나라들 대부분이 1990년대 이후 유사한 성장률 정체를 경험하고 있다. 이런 현상이 발생하는 이유는 무엇일까?

# 경제발전 단계마다
# 전략도 달라져야 한다

## 성장은 창조적 파괴를 통해 일어난다

'다시 벌어지는 유럽과 미국의 경제성장 격차를 어떻게 설명할 것인가?' 미국에서 주로 공부했던 유럽 출신 학자들은 이 고민에 빠지게 되었다. 이때 나온 것이 이른바 '슘페터주의 성장이론Schumpeterian Growth Thoery'이다.

조지프 슘페터Joseph Alois Schumpeter는 창조적 파괴로 유명한 경제학자다. 당시 슘페터는 수리적인 모형을 만들지 않았다. 아주 직관적인 아이디어를 제시했고, 이를 이론화해 성장이론으로 만든 것이 1990년대에 슘페터주의 성장이론으로 정립되었다.

AK 모형에서는 물적·인적·R&D자본이 경제성장을 견

인한다고 설명하고 있다. 반면 슘페터의 성장이론에서는 새로운 제품과 새로운 기술이 기존에 있던 기득권자들을 대체함으로써 성장이 일어난다고 보았다. 이것이 바로 '창조적 파괴'라는 아이디어다.

1990년대는 어떤 시대였는가? 경제의 중심축이 제조업에서 신경제와 혁신 산업 중심으로 이동하기 시작하던 때다. 이른바 정보통신기술ICT 혁명이 일어난 시기다. IT 산업 붐이 일면서 바이오 산업 역시 성장 궤도에 오르는 등 혁신 경제 체제로의 전환이 이때 시작되었다.

특히 미국에서 혁신 산업이 성장함에 따라 창조적 파괴를 지향하며 대전환이 일어나기 시작했다. 반면 유럽은 여전히 국가대표 선수를 키우고 이를 위해 투자 보조금을 주거나 반경쟁적인 정책으로 육성하는 방식을 지속하고 있었다. 그래서 종전과 같이 투자는 계속되었지만 미국에 뒤처질 수밖에 없었던 것이다.

제2차 세계대전 이후 유럽이 미국을 따라잡았을 때는 진입을 억제하는 정책의 부작용이 크지 않았다. 그러나 기술 프런티어에 근접할수록 이런 유럽의 정책과 제도가 혁신 성장에 적합하지 않게 된 것이다. 슘페터주의 성장이론에 따르면, 기술 프런티어에 근접한 산업과 국가일수록 진입과 퇴출 장벽이 없어야 혁신이 더 활발히 일어난다. 그런데 유럽은 1990년대 이후에도 여전히 유럽의 챔피언 champions이 프런티어에서 혁신할 최적임자라는 오류에 빠져 있었다.

## 혁신 성장의 핵심은 기회와 유인

슘페터주의 성장이론의 핵심은 자본의 축적이 아니고 새로운 도전이 일어날 수 있는 환경과 기회다. 도전의 기회가 없으면 혁신은 일어나지 못하기 때문이다. 새로운 도전의 기회가 열린 시장인지 아닌지 여부를 판단하는 핵심은 새로운 기업이 생성되고 사라지는 진입과 퇴출의 장벽이 있느냐 없느냐에 있다.

슘페터주의 성장이론을 이끌었던 필리프 아기옹Philippe Aghion 교수와 피터 호윗Peter Howitt 교수는 혁신적 환경의 근간으로 세 가지 요소를 강조했다. 기회와 유인 그리고 벤처캐피털이 그것이다.[10]

자본이 풍부한 오늘날 새로운 기업이 성장할 기회가 열리면 벤처캐피털과 같은 모험 자본은 쉽게 유입된다. 혁신 성장의 성패는 결국 기회와 유인의 문제다. 그런데 유인은 재산권 보호 문제라고도 볼 수 있다. 성공한 사람이 충분한 보상을 받는다는 것은 바로 재산권이 보호된다는 의미다. 그런데 서유럽에서는 새로운 도전자의 재산권 보호가 제도적으로 보장되어 있었다.

따라서 그들이 가장 중요하게 생각한 것은 기회의 문제다. 이는 진입과 퇴출의 장벽에 관한 것으로, 언제든지 새로운 도전자가 해당 산업에 들어갈 수 있어야 하고 기득권자는 산업에서 쫓겨날 수 있는 진입과 퇴출의 장벽이 낮은 환경이 마련되어야 한다는 것이다.

슘페터주의 성장이론의 주장을 지지하는 실증적 연구들도 이어졌다. '새로운 도전자가 이 시장에 진입할 수 있다는 위협이 있을 때 생산성은 어떤 영향을 받는가?', '기존 기업의 퇴출은 시장에 어떤 영향을 미치는가?' 등의 질문에 답하기 위한 실증연구들이 이뤄진 것이다. 그 결과 슘페터주의 성장이론이 말하는 것처럼 진입과 퇴출의 장벽이 낮을수록 생산성이 커진다는 사실이 밝혀졌다.

1980년부터 1993년까지 영국 제조업 공장의 패널 데이터를 바탕으로 새로운 도전자의 진입과 진입 위협이 기존 기업의 생산성 향상에 미치는 효과를 연구했다. 그 결과는 새로운 도전자의 진입이 기존의 생산성 향상을 이끌었음을 보여준다.[11] 1987년부터 1993년까지 176개 영국 제조업 공장 패널 데이터를 이용한 또 다른 연구는, 새로 진입한 외국 기업의 비중이 큰 산업일수록 기업이 미국에서 특허를 신청하는 건수가 많아짐을 보여준다.[12] 이는 기술 프런티어에 가까운 산업일수록 진입 압박에서 벗어나려는 효과가 더 커짐을 보여주는 것이다.

이외에 미국 기업자료를 활용해 진입뿐만 아니라 퇴출도 산업의 성장률에 있어 중요함을 보여준 연구도 있다.[13] 또한 국가별 자료를 이용해 지배적 기업의 변화가 큰 나라일수록 GDP 성장률이 높음을 지적한 연구도 보고되고 있다.[14] 한편 1980년부터 1997년까지 인도 기업자료를 활용한 연구에서는 기술 프런티어에 가까운 산업과 그렇지 않은 산업에 따라 진입장벽 철폐의 효과가 다를 수 있음을 보여주고 있다.[15]

이상의 연구 결과들은 어떤 함의를 품고 있을까? 제2차 세계대전 종전 이후 30년 동안은 미국을 따라잡고 있었던 서유럽 국가들이 진입의 중요성을 무시한 것이 큰 문제가

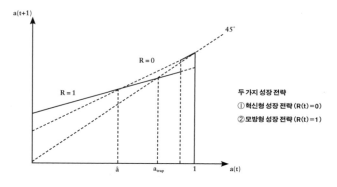

a(t+1)

45°

R = 0

R = 1

두 가지 성장 전략
① 혁신형 성장 전략(R(t)=0)
② 모방형 성장 전략(R(t)=1)

â    $a_{trap}$    1    a(t)

**비수렴 함정**[16]

되지 않았다. 하지만 서유럽 국가들이 기술 프런티어에 근접할수록 진입의 중요성을 무시한 것이 성장에 매우 부정적인 영향을 준다는 것을 알 수 있다.

## 경제발전 단계에 따라 성장 전략은 바뀌어야 한다

1990년대 이후, 일본의 '잃어버린 30년'과 서유럽의 성장률이 다시 저하되는 문제에 대해 기존의 AK 모형처럼 자본의 축적이라는 형태로 성장이 일어난다는 논리로는 제대로 된 설명을 할 수 없었다. 이를 설명하기 위해서는 새로운 도전 기업이 새로운 제품이나 기술을 시장에 도입하는 창조적 파괴가 가능해야 한다는 슘페터주의 성장이론이 필요했다. 결국 이는 경제발전 단계에 따라 성장 전략이 바뀌어야 함을 함의한다.

다음 도표에서 a(t)는 0과 1 사이의 숫자로서, t 시점에 기술 프런티어로부터 어떤 나라의 상대적 위치를 나타낸다. a(t)가 1이면 t 시점에서 이 나라는 기술 프런티어에 있다는 의미다. 그리고 0에 가깝다는 말은 기술 프런티어에서 멀어져 있다는 의미다. 따라서 a(t)가 0에 가까울수록 저개발 상태라고 할 수 있다.

이 그래프는 X축에 a(t) 값이 주어졌을 때, 다음 시점인 t+1에서 a(t+1) 값이 어떻게 결정되는지를 Y축에서 보여주는 것이다. 즉, 국가가 어떤 성장 전략을 취하느냐에 따라 a(t)라는 위치가 어떻게 a(t+1)로 움직이는지를 보여주고 있다.

단순화를 위해서 각 정부가 선택할 수 있는 주요한 성장 전략이 두 가지 중 하나라고 하자. 그리고 첫 번째 전략은 '모방 성장 전략'이고, 두 번째 전략은 '혁신형 성장 전략'이라고 하자.

위의 그래프에서 'R=1 그래프'는 모방형 성장 전략을 채택할 때 a(t)의 위치가 어떻게 a(t+1)로 바뀌는지를 나타낸다. 그리고 'R=0 그래프'는 혁신형 성장 전략을 채택할 때 $a(t)$와 $a(t+1)$ 사이의 관계를 보여준다.

'R=1 그래프'는 'R=0 그래프'보다 Y축 절편이 더 크지만 그래프의 기울기는 더 낮다는 특징을 갖는다. Y축 절편이 더 큰 것은 모방형 성장 전략을 채택하면 그 국가의 t 시점에서 프런티어로부터 위치와 무관하게 결정되는 모방을 통한 성장은 더 빨라지기 때문이다. 그래프의 기울기가 더 낮은 것은 자체 혁신으로 쫓아가는 속도가 혁신형 성장 전략보다 더 늦기 때문이다.

따라서 모방형 성장 전략을 채택하면, 혁신으로 쫓아가는 속도는 낮아지지만 모방 효과는 극대화할 수 있다. 반면 혁신형 성장 전략을 채택하면, 모방 효과는 극대화되지 않지만 스스로 혁신해서 빨리 쫓아갈 수 있다.

그런데 R=1 그래프와 R=0 그래프의 절편과 기울기가 다르기 때문에 교차하는 지점이 생긴다. 이 지점은 도표에 â로 표시되어 있다. 따라서 â보다 현재 프런티어에서 더 떨어져 있다면, 모방형 성장 전략을 통해 더 빨리 성장하게 된다. 즉, â라는 점보다 더 아래인 왼편에 있는 국가는 저개발 상태에 있는 것이고, 저개발 상태일 때는 모방형 성장 전략이 경제성장을 더 빨리 이룰 수 있는 방법이 된다. 그러나 경제가 발전해 â라는 점보다 더 오른쪽에 위치하게 되면 혁신형 성장 전략으로 바꿔야 더 빨리 성장할 수 있다.

따라서 저개발 상태에서는 모방형 성장 전략이 더 빨리 성장하는 방식이다. 하지만 경제가 어느 수준 이상으로 발전하면 혁신형 성장 전략으로 갈아타는 것이 합리적인 전략이다.

## 모방형 성장 전략을 고집할 경우의 문제점

문제는 모방형 성장 전략하에서 기득권이 형성될 수 있다는 점이다. 우리나라도 정부 주도-재벌 중심의 발전 전략을 채택해 빨리 성장했지만, 그 와중에 재벌의 경제력 집중이 커지면서 재벌과 관료가 모방형 성장 체제의 가장 중요한 기득권이 되기 시작했다. 문제는 혁신형 성장으로 가야할 시기에, 모방형 성장 체제에서 기득권을 갖게 된 엘리트들이 자신들의 이해가 충돌하면 혁신형 성장 전략으로 전환하지 않으려 할 수 있다는 점이다. 이로 인해 성장 전략의 전환이 일어나지 못할 수도 있다.

앞의 그래프에서 볼 수 있듯이, 성장 전략을 바꾸지 않고 â 지점을 지나서도 모방형 전략을 지속할 경우에는 'R=1 그래프'가 45도 선과 만나는 지점($a_{trap}$)에 이를 수 있다. $a(t)$가 $a_{trap}$의 값을 가지면 $a(t+1)$도 $a_{trap}$의 값을 가지게 된다. 결국 이 지점에서 성장은 멈추고 경제는 함정에 빠진다. 이렇게 되면 경제가 기술 프런티어에 접근하지 못하기 때문에 이를 '비수렴 함정Non-convergence Trap'이라고 부른다.[17]

## 일본의 잃어버린 30년과 비수렴 함정

일본의 잃어버린 30년을 설명하는 방법 중 하나가 바로 '비수렴 함정'이다. 이 함정에 빠지면 경제가 모방형 성장 국면에서 멈춰서고 더 이상 성장하지 못하게 된다.

일본도 과거 모방형 성장 체제에서 혁신형 성장 체제로 전환하지 못했다. 여기서 모방형 성장이라는 것은 단지 개도기의 모방만을 말하는 것이 아니다. 자본 축적에 의한 성장을 고집하는 경우도 해당된다. 즉, 창조적 파괴가 가능한 혁신이 아닌 축적을 통한 성장 또는 공정혁신만 고집해 새로운 제품의 개발과 기술 도입 같은 혁신이 일어나지 못하는 상태다.

모방형 성장 체제에서 챔피언으로 성장한 기업들은 새로운 도전을 하려는 신생 기업의 진입을 방해할 유인을 갖기 십상이다. 정부가 기득권 기업들에게 포획되면 정책이나 제도 변경은 더 어려워진다. 오히려 기존의 챔피언인 기득권 기업이 더 잘하도록 독려하는 정책을 지속할 수도 있다. 이렇게 될 경우 경제는 더 이상 성장하지 못하는 비수렴 함정에 빠지고 만다.

문제는 우리나라도 일본의 잃어버린 30년 같은 비수렴 함정에 빠지고 있는 것이 아닌가 하는 우려가 든다는 점이다. 그런데 한국의 경우에는 비수렴 함정에 빠져 정체되는 정도를 넘어, 제조업의 구조적 위기와 경제 위기로 문제가 더 악화될 수 있다.

2022년 우리나라가 처한 제조업의 위
기 중 가장 위급한 문제는 무엇인가?

중화학공업 최종재를 중심으로 한 제조업의 경쟁
력이 상실되고 있으나 여전히 생산공정 중심의 혁
신만 강조하는 비수렴 함정에 빠졌다는 점, 그리
고 중간재 산업에서 혁신의 기회와 유인이 부재해
서 새롭고 과감한 혁신이 일어나지 않고 있다는 점
을 들 수 있다.

그런데도 정부는 혁신 경제를 말로만 강조하고
실제로는 여전히 국가대표 기업 육성과 재벌 대기

업 중심의 성장 정책에서 벗어나지 못하고 있다.

---

우리 경제가 '비수렴 함정'에 빠져 제조
업의 구조적 위기와 경제 위기가 더 악
화될 경우, 어떤 징후가 가장 먼저 나타
날까?

점차 수출 경쟁력을 잃어가고 제조업의 성장률이
둔화되면서 한계 기업들이 더 늘어갈 것이다. 이
렇게 되면 취약한 중견 재벌들 위주로 도산하는 기
업집단도 발생할 수 있다.

# 2부

# 한국 경제의 잠재적 위기,

# 무엇이 문제인가

지금 한국 경제는 모방형 추격 성장에서 혁신 성장으로 이행하지 못하고 있다. 가격경쟁력 위주의 범용재와 공정process 혁신에 특화되어 있는 것이 문제다. 이런 문제들로 인해 비수렴 함정에 빠진 정도를 넘어 제조업의 구조적 위기와 경제 위기로 악화될 수 있는 상황이다. 2011년 이후 제조업의 구조적 위기는 더욱 심화되고 있음에도 여전히 정부 주도형 개발 체제에서 벗어나지 못하고 있다.

# 한국 경제를 위협하는
# 위기의 징후

## 모방형 성장 정책으로 이룬 한국 경제의 발전

한국은 1960년대 이후 박정희 개발 체제를 통해 눈부신 경제발전을 이룩했다. 그런데 박정희 개발 체제는 기본적으로 정부 주도-재벌 중심의 발전 전략이었다. 정부가 재벌들에게 수많은 혜택을 주어 경제가 발전했으며 특히 수출 잘하는 기업에 혜택을 주는 굉장히 친경쟁적인 정책이었다.

이때는 모방을 통한 추격 경제 시대였기에 1990년대 초반까지는 굉장히 빨리 성장할 수 있었다. 이 과정을 지나서면서 한국 제조업은 가격경쟁력 위주의 범용재와 '공정혁신Process Innovation'에 특화되었다. 1997년 경제 위기를 겪은 이후에도 중국 특수와 ICT산업 특수로 한국 경제는

2010년까지 준수한 성적을 냈다.

제2차 세계대전 이후 서유럽 국가들과 일본의 경우 우리만큼 정부 개입이 강하지는 않았지만, 여전히 국가대표 선수 기업을 집중적으로 밀어주는 투자를 하며 온갖 유인을 주는 정책들을 시행했다. 그러나 이처럼 국가대표 육성을 통해 투자와 공정혁신을 이루며 성장하는 정책들은 1990년대 이후 일본과 유럽에서 한계에 도달한다. 산업과 기술의 구조가 혁신 성장이 필요한 방향으로 바뀌기 시작했기 때문이다. 혁신 성장 시대에는 국가대표 선수를 육성하고 그 기업에 투자하는 정책으로는 기술 프런티어에 도달하는 것이 불가능하다. 슘페터주의 성장이론이 나온 것도 바로 이런 현상을 설명하기 위해서다.

그렇다면 한국은 어떤가? 한국 제조업 경쟁력은 2011년 이후 하락세가 두드러지고 있다. 경제가 발전하면서 일본, 독일, 북유럽 국가들은 자국 내에서는 고부가가치 중간재 및 고부가가치 특수재를 생산하는 쪽으로 산업을 진화시켰고, 범용재 사업은 축소하거나 국외 이전을 추진했다. 하지만 한국의 제조업은 장치산업 중심 구조에서 고부가가치 중간재나 특수재 산업으로의 진화가 단절되어 있다.

## 주식회사 대한민국의 위기가 시작되다

2000년대 첫 10년 동안 한국 경제는 계속해서 고도성장을 했다. 이 당시 한국이 경제성장을 이룰 수 있었던 가장 큰 원인 중 하나는 중국의 부상이고, 또 다른 원인은 ICT 혁명이다. 중국이 급성장하면서 한국은 중국에 중간재와 최종재를 계속 수출하며 중국 성장에 의한 특수를 누렸다. 또한 ICT 산업, 휴대폰, 컴퓨터 관련 산업이 성장하면서 전자 산업 중심으로 수출 수요가 상당히 증가하면서 호황기를 보낼 수 있었다. 자동차 시장의 경우도 현대자동차의 가격경쟁력 우위가 빛을 발하며 호황을 누렸다.

하지만 2011년 즈음부터 한국 경제를 뒷받침해주고 있었던 것들이 사라지면서 그동안 누적된 정부 주도-재벌 중심 성장 체제의 문제점이 보다 전면적으로 나타나기 시작한다. 제조업의 구조적 위기가 수면 위로 부상한 것이다. 제조업의 성장률은 경제성장률보다 항상 높았는데 2010년대 들어오면서 제조업 성장률과 경제성장률이 비슷해진다. 즉, 그동안 경제를 견인해온 제조업의 힘이 없어진 것이다.

제조업의 경쟁력이 약해지는 것은 경쟁력을 측정하는 지수 중 하나인 무역특화지수Trade Specialization Index가 2012년

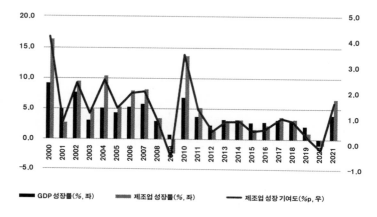

**GDP 성장률(%, 좌)**　　**제조업 성장률(%, 좌)**　　**제조업 성장 기여도(%p, 우)**

**제조업 성장률과 성장 기여도 감소**[18]

이후 뚜렷하게 감소하는 것을 통해 확인된다. 문제는 IT 산업에서도 점점 비슷한 감소가 일어났다는 것이다. 반도체와 디스플레이를 제외한 철강, 자동차, 석유화학, 기계, 조선, 스마트폰 등 주력 산업이 위기에 직면했고[19] 반도체와 디스플레이도 2019년부터는 하락 국면에 접어들었다.[20]

게다가 누적되어온 제조업의 위기에 더해서 코로나19 팬데믹으로 인해 탄소중립으로 가는 친환경 문제와 디지털 전환의 문제 등이 복합적으로 발생하고 있다. 한국 경제가 큰 위기 국면에 접어든 것이다. 이 상황에 현명하게 대

처하지 못하면 우리 경제는 위기 상황에 직면할 수도 있다.

제조업의 위기와 코로나19 대유행 이후 구조적 위기를 극복하기 위한 경제 체제 전환이 급선무다. 더 이상 정부가 주도하는 발전 전략은 적합하지 않다. 이는 경제 문제뿐 아니라 불평등이라는 사회문제의 원인이 되고 있다.

## 제조업 경쟁력 상실이 한국 경제에 미치는 영향

우리나라의 제조업 비중은 다른 선진국에 비해 굉장히 높다. 세계은행 자료에 따르면, 2019년 기준 제조업이 GDP의 25.2퍼센트를 차지하고 있다. 제조업 강국이라고 불리는 일본이나 독일의 제조업이 자국 GDP의 20퍼센트 정도를 차지하고, 미국과 영국의 경우 각각 11퍼센트와 9퍼센트 정도를 차지한다. 이를 감안하면 제조업이 한국 경제에서 차지하는 비중이 매우 크다는 것을 알 수 있다. 한국 제조업이 경제에서 차지하는 비중은 2012년까지 계속 커지다가 그 이후 다시 줄어들면서 25퍼센트 수준을 유지하고 있다. 이와 달리 주요 선진국의 경우에는 1990년대 이후 제조업의 비중이 지속적으로 줄어들고 있었다.

그런데 한국 경제에서 여전히 높은 비중을 차지하고 있

는 제조업이 최근 경쟁력을 상실하고 있는 상황이다. 이
는 여러 가지 지표를 통해 나타나고 있다. 그중 하나가 수
출 증가율 자료다. 아래 그래프는 1990년대, 2000년대,
2011년 이후 한국과 OECD의 연평균 수출 증가율을 나
타낸 것이다. 1990년대는 한국의 연평균 수출 증가율이
OECD 평균의 두 배 정도였다. 2000년대 첫 10년 동안 연
평균 수출 증가율이 다소 떨어졌지만, OECD의 연평균
수출 증가율은 더 감소해 한국의 연평균 수출 증가율이
OECD 평균보다 세 배 정도 높은 것을 알 수 있다.

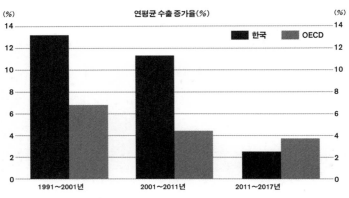

**수출 증가율의 급격한 감소**[21]

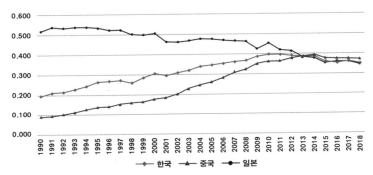

한·중·일 제조업 경쟁력 지수[22]

　그런데 2011년 이후부터 한국의 수출 증가율은 급속하
게 감소해 OECD 평균보다 더 떨어졌다. 한국은 수출 중심
의 성장을 해왔는데 수출 산업은 내수 산업보다 생산성이
더 높은 산업이다. 따라서 수출 증가율이 급속히 떨어진다
는 것은 제조업의 생산성에 문제가 있음을 단적으로 보여
주는 징표다.

　UN에서 나온 제조업 경쟁력 지수를 봐도 유사한 추론
이 가능하다. 이 도표 중간에 있는 선이 한국의 경쟁력 지
수인데 2011년부터 하락 국면에 접어든 것을 확인할 수 있
다. 일본은 1990년대에 정체하다가 2000년에 들어서면서
하락하기 시작했고, 중국은 급속하게 상승하다가 정체 국면

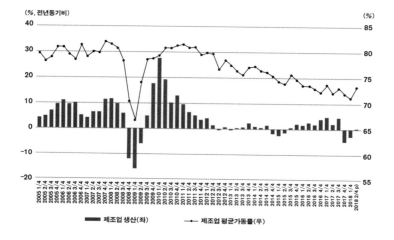

**국내 제조업 생산 증가율과 평균 가동률 추이**[23]

에 진입했다.

수출 증가율과 제조업 성장률이 떨어지면서 제조업 가동률 자체도 많이 떨어진 상태다. 위의 도표를 보면 2000년부터 2010년까지의 평균 가동률은 80퍼센트가 넘었다. 그런데 지난 10년 사이에 10퍼센트 포인트가 떨어져서 70퍼센트 초반 수준으로 내려앉았다. 2011년 이후 한국 제조업의 경쟁력 하락이 두드러지게 나타나기 시작한 것이다.

한국 제조업이 경제에서 차지하는 비중과 제조업을 기

반으로 하는 재벌의 경제력 집중을 고려할 때, 제조업의 위기가 경제 위기로 전이될 가능성을 배제하기 어렵다.

# 제조업은 어쩌다
# 넛 크래커에
# 직면했나

## 한국의 제조업이 넛 크래커에 직면한 이유

제조업의 경쟁력과 생산활동이 감소하는 현상은 한국 제조업이 개도국과 선진국 사이에서 '넛 크래커Nut-Cracker'에 끼인 결과다. 이는 흔히 '샌드위치'가 되었다고 말하는 현상이다. 그렇다면 한국의 제조업은 왜 넛 크래커 상황에 직면하게 됐을까?

2000년대 첫 10년까지는 중국 경제가 부상하면서 한국은 중간재와 최종재를 중국에 팔았다. 그뿐 아니라 중국을 생산 기지로 삼으면서 수요와 공급 면에서 매우 많은 기회를 찾을 수 있었다. 하지만 2011년 즈음부터 우리의 수출품목 중 가격경쟁력 위주의 저부가가치 로엔드Low-end 범용재가 중국에 경쟁력을 잠식당하기 시작했다. 최근 들어 삼성 휴대전화 갤럭시도 중국의 샤오미 같은 제품에 로엔드 제품 시장 지배력을 빼앗기고 있는 실정이다.

자동차 산업도 마찬가지다. 한국 자동차는 2013년까지는 중국 시장에서 호황을 유지했다. 그러다가 2014년부터 현대자동차의 중국 시장 점유율이 절반으로 줄어들기 시작했다. 현대자동차에 특별한 문제가 있어서가 아니라 중국 차의 가성비가 좋아졌기 때문이다. 그동안 현대자동차는 중국 시장에서 로엔드 제품 중심으로 팔렸다. 하지만 중국 차의 가성비가 급격히 좋아지기 시작하자 중국인들이

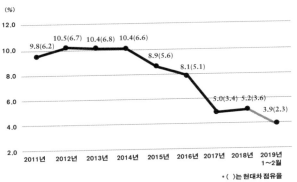

현대기아차 중국 시장 점유율 추이[24]

한국 차보다 성능은 떨어지지만 가격이 더 저렴한 중국 차를 사기 시작한 것이다.

그렇다면 하이엔드 제품 분야는 어떨까? 안타깝게도 한국의 기업은 하이엔드 시장에서도 우위를 점하고 있지 않다. 휴대폰 시장에서도 삼성은 애플에 계속 밀리는 상황이다. 하이엔드 시장에서는 애플과의 경쟁에서 밀리고 로엔드 시장에서는 중국 상품에 밀리면서 넛 크래커 상황에 처하고 만 것이다.

자동차 산업도 마찬가지다. 현대자동차가 하이엔드 시장에서의 점유율을 높이기 위해 계속 노력하고 있지만 순탄치 않다. 특히 현대기아차의 경우 전기차 생산이 늘어나고 있음에도 적자에서 벗어나지 못하고 있다. 이는 현대기아차만의 문제가 아니라 전기차를 만드는 자동차회사들이 처한 현실이기도 하다. 그런데도 전기차를 계속 만드는 이유는 무엇일까? 유럽에 수출할 차의 배기량을 조절해줘야 하는데, 전기차를 어느 정도 수준으로 팔지 않으면 전체 배기량을 낮출 수 없기 때문이다. 그런데 이런 상황에서도 전기차를 만들 때 유독 현대차가 더 손해를 본다는 것이다.

## 하이엔드 시장에서의 혁신 부진

우리나라 대기업이 하이엔드 시장에서 부진을 면치 못하는 이유는 무엇일까? 전 세계 하이엔드 산업에서 놀라운 혁신이 일어나고 있기 때문이다. 특히 자동차 시장은 전장 부문과 전기차에서 혁신 경쟁을 벌이고 있는데 현대기아차는 지금까지 가격경쟁력을 유지하는 데만 집중해왔다. 게다가 가격경쟁력도 중국을 비롯한 다른 경쟁업체에게 서서히 잠식되는 상황이다.

그 외 주요 산업인 반도체, 철강, 화학 분야도 마찬가지다. 이들 기업은 한국 제조업에서 매우 큰 비중을 차지하고 있으며 여전히 수출도 많이 하고 있다. 하지만 대부분 특수재가 아닌 범용재를 만들고 있다. 삼성전자와 SK하이닉스의 경우에도 범용재에 해당하는 메모리 반도체에 특화되어 있고, 특수재인 시스템 반도체 발전은 미비한 상황이다.

삼성전자는 메모리 반도체의 용량이 2~3년에 한 번, 두 배씩 증가하는 혁신을 선도적으로 또 지속적으로 이루어내면서 좋은 실적을 유지했다. 반도체의 생산성은 생산된 전체 반도체 칩 중에서 사용 가능한 칩의 비중을 의미하는 수율yield로 측정된다. 즉, 수율은 불량품 비율이 적어질수록 높아진다.

수율은 학습 효과를 통해서 높아진다. 그래서 새 세대 반도체가 도입되면, 초기에는 수율이 매우 낮다가 생산을 늘릴수록 수율이 급속히 올라간다. 수율이 올라간다는 것은 불량품이 없어져서 수익성이 높아지는 것을 의미한다. 그동안은 기존 반도체 칩의 수익성이 굉장히 높은 상태에서 다음 세대의 반도체가 들어오며 세대교체가 일어나는 식으로 사이클을 유지해왔다. 그것이 삼성전자가 메모리 반도체 부문에서 혁신의 선두를 유지하며 산업을 끌고 왔던 방식이었다.

그런데 몇 년 전부터 이런 공정혁신이 한계에 부딪혔다. 웨이퍼는 하나의 큰 그릇과 같은 판인데, 이 판 자체의 크기는 정해져 있다. 주어진 웨이퍼 안에서 반도체 메모리 성능을 높이려면 회로 집적을 해야 한다. 회로 집적에는 두 가지 방식이 있다. 위로 쌓고 아래로 파는 방식이다. 그런데 집적을 위해 이렇게 쌓는 방식과 파고드는 방식에 한계가 온 것이다.

획기적인 변화가 아니면 더는 혁신이 어려워진 와중에 반도체 수요가 급증한 슈퍼 사이클이 찾아왔다. 반도체 수율이 높고 생산비용이 떨어진 상황에서 메모리 반도체 수요가 획기적으로 늘어남으로써 삼성전자는 엄청난 매출과 이익을 올릴 수 있었다. 이게 2021년 삼성전자가 매출과 영업이익에서 인텔을 제치고 3년 만에 업계 1위를 탈환할 수 있었던 이유다.

그런데 문제는 메모리 반도체 시장에서 쫓아오는 기업들과 삼성전자가 더 이상 기술 격차를 벌릴 수 없게 되었다는 점이다. 기술 격차가 좁혀지면 반도체 가격이 하락하고 수익률도 같이 하락하는 국면으로 전환되고 만다. 최근 삼성전자 주가가 많이 내려간 것에는 이런 이유도 한몫을 하고 있다.

## 범용재 중심의 한국 제조업

포스코는 매년 전 세계에서 가장 효율적인 철강 공장으로 꼽힌다. 이는 범용재, 즉 누구나 만들 수 있는 철강을 싸게 잘 만든다는 의미로, 규모의 경제를 잘 활용해 생산 공정 관리를 철저히 하고 있음을 말한다. 하지만 이 역시 중국 같은 나라가 쫓아오면 경쟁력을 유지하는 데 한계가 있을 수밖에 없다.

2020년, 대외경제정책연구원은 자동차(친환경자동차 및 자율주행자동차 포함), 조선, 일반 기계(로봇 포함), 철강, 석유화학, 식품, 반도체, 디스플레이, 통신기기, 가전 등 주요 제조업종과 더불어 인공지능, 게임 등 총 12개 산업을 선정해『중국 산업 구조 고도화에 따른 한·중 경쟁력 변화와 대응 전략』을 연구한 보고서를 발표했다.[25]

이 보고서에 따르면, 현재는 저부가가치 부문이나 범용재에서 중국에 비해 한국이 경쟁열위이거나 경쟁이 심한 것으로 나타났다. 그러나 5년 후에는 프리미엄 제품 등에서 경쟁이 더욱 심해지고, 범용 부문은 경쟁열위로 떨어질 가능성이 높다는 것이다.

이 보고서는 정량적인 무역 데이터를 사용해 양국 해당 산업 수출의 세계 시장 점유율, 대세계 무역특화지수, 양국 간 무역수지 및 무역특화지수를 살펴봤다. 그런 후에 각 산업별로 한·중의 정성적 경쟁력도 분석했다.

산업에 따라 다소 차이가 있지만 한·중 간의 경쟁력 격차가 줄어들면서 중국뿐만 아니라 세계 시장에서 한·중 기업 간 경쟁이 치열해지고, 신산업 분야까지 경쟁이 확산될 것으로 전망했다. 더불어 과거처럼 단순히 기술이나 품질만 갖고 중국과 경쟁하기는 어려우며, 산업 간 혹은 산업 내 수직적 분업 구조도 유지하기 힘든 상황이라는 결론을 내리고 있다.

한국의 주요 제조 산업인 반도체, 철강, 석유화학은 모두 특수재가 아니라 범용재에 특화되어 있다. 범용재는 어디에나 다 쓰이는 것으로 규모의 경제와 밀접하다. 즉, 값싸게 경쟁력 있게 만들 수 있으면 돈을 벌 수 있다는 의미다. 반면 특수재는 어디에나 다 쓰이는 게 아니라 특별한 용도에만 쓰이기 때문에 대량 생산하지 않는다.

반도체에서 특수재는 메모리가 아닌 비메모리 반도체, 즉 시스템 반도체라고 부른다. 자동차 반도체도 시스템 반도체로 이는 대량 생산하지 않되 제품이 굉장히 다양하다. 메모리 반도체는 수직계열화가 되어 있어서 제품의 설계와 생산을 동일한 반도체 생산업자가 한다. 이에 반해 시스템 반도체는 반도체 제조 공정 중 설계와 개발을 전문적으로 하는 회사인 팹리스Fabless와 생산을 전문으로 하는 회사인 파운드리Foundry가 수직 분리되어 있다.

삼성전자는 메모리 반도체와 마찬가지로 시스템 반도체도 자체 설계와 생산을 고집한다. 수직계열화를 통한 발전을 이미 경험했기 때문이다. 그런데 이럴 경우, 반도체 설계회사들은 기술 탈취를 염려하면서 삼성전자와의 협업을 꺼리게 된다. 국내에서도 반도체 설계와 생산을 잘하는 회사는 대만의 TSMC에 파운드리를 맡기는 경우가 많다. 삼성전자가 시스템 반도체 부문에서 설계를 포기해야 파운드리로 TSMC와 경쟁할 수 있다고 생각한다.

이처럼 한국의 주요 산업 대부분이 가격경쟁력에 집중한 범용재 중심이다. 잘나가는 반도체 산업도 실은 모두 공정혁신에 의존한다. 삼성전자의 성공은 새로운 제품을 만드는 것이 아니고 기존 제품의 공정을 더 잘, 더 싸게 만드는 식의 메모리 반도체 성공 신화에 기대고 있다. 그러나 이러한 성공 방식은 한계에 직면할 수밖에 없는 게 지금의 현실이다.

## 한계기업이 증가하는 이유

제조업의 넛 크래커가 진행되자 한계기업들이 양산되고 있다. 한계기업은 3년 동안 연속해 영업이익으로 이자 비용을 충당하지 못하는 기업을 의미한다. 2021년도 산업연구원 보고서에 따르면,[26] 상장제조업 기업의 15.63퍼센트가 한계기업이다. 이를 기업 규모로 다시 살펴보면, 대기업의 8.24퍼센트 그리고 중소기업의 23.24퍼센트가 한계기업에 속한다. 문제는 수치로 집계되지 않는 한계기업이 더 많을 수 있다는 점이다.

특히 비상장 중소기업의 경우 뚜렷하게 검증이 가능한 재무 자료가 없어 더 문제다. 과거 1997년 경제 위기 때도 위기 상황이 닥쳐 막상 장부를 펼쳐보니 부실이 생각보다 심했다. 이와 마찬가지로 잠재적인 부실의 문제가 심각하다고 볼 수 있다.

규모가 큰 기업이 한계기업이 되면 정부가 산업은행을 통해 지원해주고 살리는 경우가 많다. 이 경우 기업을 회생시키기 위해 지원하다가 여건이 좋아지면 기업을 팔지 않는다. 그러다가 기업의 실적이 다시 나빠지면 팔고자 해도 팔리지 않는다. 이런 일이 비일비재해지면서 계속 국고를 투입하는 일들이 생긴다.

이처럼 우리나라는 기업의 회생과 퇴출 장벽을 정부가 만드는 경우가 많다. 이런 이유로 혁신이 잘 일어나지 않고 새로운 기업의 진입도 원활하지 않게 된다. 이는 정부가 '기업은 망하면 안 된다'라는 과거 개도기적인 사고방식에서 벗어나지 못한 채 혁신을 막는 정책을 이어나가고 있기 때문이다.

이제 한국 경제는 과거의 정부 주도-재벌 중심의 박정희 체제를 유지하기 어렵다. 나아가 이런 식으로는 더 이상 생존하기 어렵다는 경제 전반의 위험 시그널이 곳곳에서 나타나고 있다.

# 코로나19 이후
# 경제 환경의
# 변화

**포스트 코로나 시대, 국제 무역 환경은 어떻게 변화했나**

포스트 코로나 시대가 되며 생긴 변화 중 가장 중요한 것은 무엇일까?

첫째, 무역 환경의 변화다. 미국은 바이든 정부가 들어서면서 트럼프 정부가 고수하던 고립주의 노선에서 탈피하고 있다. 다만 여전히 미·중 갈등과 긴장 국면은 유지되는 중이다. 이 때문에 글로벌 공급망에 변동이 생길 가능성은 더욱 커지고 있다.

한국의 가장 큰 무역 파트너는 중국이고, 그다음은 미국이다. 한국의 경제발전 단계를 생각할 때 수입과 수출 측면에서 미국과 중국은 굉장히 중요한 양 축을 형성하고 있다. 이런 상황에서 미·중 간 무역 질서가 바뀌고 공급망이 분리되기 시작하면 우리는 어떤 식의 전략을 취해야 할까? 그리고 공급망이 분리된다면 이는 한국 경제에 어떤 충격을 주게 될까?

이런 상황에서 제조업의 넛 크래커 문제는 더 심각해지고 있다. 어떤 산업에서는 좀 더 시간을 벌 수도 있겠지만, 또 다른 한편으로는 수출 수요가 없어져서 심한 충격을 받을 수도 있다. 이런 무역 환경의 변화에 정부는 어떤 식으로 대응해나가야 할지 고민스러울 것이다. 이에 더해 탄소중립 역시 공급망 변화와 기업 입지에 영향을 줄 수밖에 없는 상황이다.

둘째, 코로나19 이후 디지털 전환이 심화되면서 특히 자동차 산업과 플랫폼 산업이 지대한 영향을 받고 있다. 자동차 산업에 대해 상세히 살펴보기 전에 플랫폼 산업에 관해 먼저 간단히 살펴보자. 쿠팡, 마켓컬리 등 수많은 플랫폼 기업이 코로나19 이후 급성장하고 있는데, 이와 더불어 플랫폼 노동자 문제가 심각한 사회문제로 대두되고 있다. 플랫폼 산업에 수요 독점이 심화되면서 물건을 파는 사업자들이 불공정 경쟁에 놓이게 되고, 플랫폼 노동자들의 노동조건이 악화되는 등 다양한 문제가 발생하는 것이다.

셋째, 코로나19 팬데믹 이후 기후변화에 대한 관심이 더 고조되고 있다. 특히 바이든 행정부의 출범과 동시에 미국이 파리기후협약에 복귀하면서 국제 사회에서 탄소중립 문제가 본격화되었다. 대한무역투자진흥공사<sup>KOTRA</sup>가 발간한 「미국 재생에너지 시장 및 에너지 전환 동향 보고서」에 따르면,[27] 2020년 미국의 풍력과 태양광발전을 포함한 재생에너지<sup>Renewable Energy</sup>발전 비중이 21퍼센트로 증가하며 원자력(19퍼센트), 석탄(19퍼센트)보다 높아졌다고 한다. 이에 따라 2021년에 국내 탄소중립위원회는 2050년 탄소중립 시나리오 두 개와 2030년 국가 온실가스 감축목표<sup>NDC</sup>를 발표했다. 그러나 아직까지 구체적인 실천전략이 마련되지는 않은 상황이다.

이미 주요 선진국에서는 탄소중립에 대한 많은 정책적 노력들이 진행되어왔으므로, 탄소중립에 있어 우리나라는 후발주자라고 할 수 있다. 탄소 배출 정점부터 탄소중립까지 우리가 소요 기간으로 32년을 잡고 있는 것에 반해 일본은 37년, 미국은 43년, EU는 60년을 잡고 있다. 따라서 기준연도부터 목표연도까지 연평균 감축률은 한국이

4.17퍼센트인데 반해 일본은 3.56퍼센트, 미국 및 영국은 2.81퍼센트 그리고 EU는 1.98퍼센트에 불과하다.

더구나 우리나라의 경우 탄소 배출량이 많은 중화학공업 중심의 산업 구조를 갖고 있다 보니 탄소 배출량을 획기적으로 줄이는 것은 쉽지 않은 과제다. 하지만 주요 선진국들이 이미 탄소중립이라는 목표를 추구하고 있는 상황임을 인지해야 한다. 탄소중립을 추구하는 새로운 환경에 적응하지 못한다면 더 큰 문제에 봉착할 수도 있기 때문이다.

## 정부의 탄소중립 시나리오

먼저 국내 탄소중립위원회가 설계한 2050년까지의 탄소중립 시나리오와 2030년까지 '국가 온실가스 감축목표 상향안'을 좀 더 자세히 살펴보기로 하자.[28] 다음 표에서 볼 수 있듯이 2021년 10월 18일, 탄소중립위원회는 2050년까지 국내 감축을 통해 탄소중립을 달성하는 두 개 안을 정부에 제안했다.

이 안의 핵심 내용은 2018년 기준으로 전체 탄소 순배출량(686.3백만 톤$CO_2$eq)의 39퍼센트를 차지하고 있는 전력 부문의 탄소 배출량(269.6백만 톤$CO_2$eq)을 '0'으로 줄이

| 구분 | 부문 | '18년 | 최종본 | |
|---|---|---|---|---|
| | | | A안 | B안 |
| 배출량 | | 686.3 | 0 | 0 |
| 배출 | 전환(전력) | 269.6 | 0 | 20.7 |
| | 산업 | 260.5 | 51.1 | 51.1 |
| | 건물 | 52.1 | 6.2 | 6.2 |
| | 수송 | 98.1 | 2.8 | 9.2 |
| | 농축수산 | 24.7 | 15.4 | 15.4 |
| | 폐기물 | 17.1 | 4.4 | 4.4 |
| | 수소 | - | 0 | 9 |
| | 탈루 | 5.6 | 0.5 | 1.3 |
| 흡수 및 제거 | 흡수원 | -41.3 | -25.3 | -25.3 |
| | 이산화탄소 포집 및 활용·저장 (CCUS) | - | -55.1 | -84.6 |
| | 직접공기포집 (DAC) | - | - | -7.4 |

(단위: 백만 톤$CO_2$eq)

2050 탄소중립 시나리오 최종(안) 총괄표[29]

는(B안의 경우는 화력발전 중 LNG 일부 잔존으로 92퍼센트 감축) 것이다.[30] 또 전체 순배출량의 38퍼센트 정도를 차지하는 전체 산업 부문 배출량(260.5백만 톤$CO_2$eq)의 80퍼센트 정도를 감축한다는 것이다. 이를 위해서 전환(전력) 부문 배출량의 75퍼센트를 차지하는 석탄발전을 퇴출시키는 방안을 제시했다. 그리고 산업 부문에서는 철강공정에 수소환원제철 방식 도입 및 시멘트·석유화학·정유 과정에 투입되는 화석 연·원료를 재생 연·원료로 전환하는 방안을 제시했다.

이외에도 건물/수송 부문에서는 제로에너지 건축물, 그린 리모델링 등으로 건축물의 에너지 효율을 향상시킬 계획이다. 또 무공해차 보급을 최소 85퍼센트 이상 확대하며, 대중교통 및 개인 모빌리티 이용을 늘릴 뿐 아니라 친환경 해운으로의 전환을 계획하고 있다.

농축수산 부문에서는 화학비료 저감, 영농법 개선, 저탄소·무탄소 어선 보급 등을 통해 농경지와 수산업 현장에서의 온실가스 발생을 최소화할 계획이다. 또 가축 분뇨 자원순환 등을 통해 저탄소 가축 관리를 하는 것은 물론 폐기물 감량 및 청정에너지원으로 수전해수소(그린수소)의 활용을 확대하는 방안과 산림·해양·하천 등 흡수원 조성을 제시했다. 그리고 이산화탄소 포집 및 저장·활용<sup>CCUS</sup> 기술 상용화 등을 2050년까지 달성하겠다는 것이 시나리오 내용이다.

한편 탄소중립위원회는 2030년 국가 온실가스 감축목표를, 2018년 온실가스 총배출량 대비 기존 26.3퍼센트에서 대폭 상향해 40퍼센트로 정부에 제안했다.[31]

이를 구체적으로 살펴보면, 전환 부문에서는 석탄발전축소 및 신재생에너지 확대 등을 통해 2030년까지 온실가스 총배출량 44.4퍼센트를 감축할 계획이다. 산업 부문에서는 철강 공정 전환, 석유화학 원료 전환, 시멘트 연·원료 전환 등을 통해 14.5퍼센트를 감축할 계획이다. 그리고 건물 부문에서는 32.8퍼센트 감축, 수송 부문에서는 37.8퍼센트 감축, 농축수산 부문에서는 27.1퍼센트 감축을 제시했다. 이외에 산림·해양·하천 등의 흡수원을 조성해 2030년까지 26.7백만 톤을 흡수하고, CCUS 기술 도입과 국외 감축 사업도 활용한다는 것이다.

2021년 12월 10일, 정부는 관계부처 합동 명의로 2050 탄소중립안과 2030 국가온실가스감축안에 근거해 다음과 같은 에너지믹스를 발표했다.

| 구분 | 부문 | 기준연도 ('18) | 現 NDC ('18년 比 감축률) | NDC 상향안 ('18년 比 감축률) |
|---|---|---|---|---|
| 배출량* | | 727.6 | 536.1 (△191.5, △26.3%) | 436.6 (△291.0, △40.0%) |
| 배출 | 전환 | 269.6 | 192.7 (△28.5%) | 149.9 (△44.4%) |
| | 산업 | 260.5 | 243.8 (△6.4%) | 222.6 (△14.5%) |
| | 건물 | 52.1 | 41.9 (△19.5%) | 35.0 (△32.8%) |
| | 수송 | 98.1 | 70.6 (△28.1%) | 61.0 (△37.8%) |
| | 농축수산 | 24.7 | 19.4 (△21.6%) | 18.0 (△27.1%) |
| | 폐기물 | 17.1 | 11.0 (△35.6%) | 9.1 (△46.8%) |
| | 수소 | – | – | 7.6 |
| | 기타 (탈루 등) | 5.6 | 5.2 | 3.9 |
| 흡수 및 제거 | 흡수원 | -41.3 | -22.1 | -26.7 |
| | CCUS | – | -10.3 | -10.3 |
| | 국외 감축** | – | -16.2 | -33.5 |

국가 온실가스 감축목표(NDC) 상향안[32]

(단위: 백만 톤CO$_2$eq)

이 안에 따르면, 2030년까지 신재생에너지 비중은 30.2퍼센트로 늘어나고 원전의 비중은 23.9퍼센트로 줄어든다. 또 2050년까지 신재생에너지 비중은 72.3퍼센트로 늘어나고 원전은 6.1퍼센트로 줄어든다.

## 탄소중립 시나리오에 대한 비판

문재인 정부는 2021년 9월 '기후위기 대응을 위한 탄소중립녹색성장 기본법안(이하 '탄소중립기본법')'을 제정(시행 2022.3.25)함으로써 2050년 탄소중립 목표 설정과 이행을 위한 법적 기반을 확보했다. 특히 2030년 국가 온실가스 감축목표Nationally Determined Contribution, NDC와 관련해서 2018년 배출량 대비 35퍼센트 이상을 '감축목표의 최소치'로 법률에 명시했다.

2030년 국가 온실가스 감축목표의 주된 감축 분야는 전환(발전) 부문으로, 평균 목표치보다 높은 비율(44.4퍼센트)을 목표로 하고 있다. 그런데 2020년 제9차 전력수급 기본계획에 따르면, 예상 전력 수요는 542.5테라와트에서 2030년 567.0테라와트로 증가할 예정이다. 손배전 손실 등을 고려하면 필요한 발전량은 612.4테라와트로, 69.9테

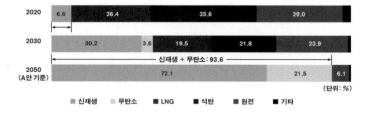

| | 신재생 | 무탄소 | LNG | 석탄 | 원전 | 기타 |
|---|---|---|---|---|---|---|
| 2020 | 6.6 | | 26.4 | 35.6 | 29.0 | |
| 2030 | 30.2 | 3.6 | 19.5 | 21.8 | 23.9 | |
| 2050 (A안 기준) | 72.1 | | | | 21.5 | 6.1 |

신재생 + 무탄소: 93.6

(단위: %)

**에너지 믹스 구성안**

라와트의 추가 전력 수요가 생긴다. 따라서 NDC를 달성하기 위해서는 온실가스 배출량 149.9백만 톤CO2eq(이산화탄소환산톤, 온실가스를 이산화탄소 배출량으로 환산한 값)에다 추가로 사용되는 전력 69.9테라와트에 따른 온실가스 배출량을 더 줄여야 하는 상황이다. '2030 국가 온실가스 감축목표 상향안'에 따르면, 이를 위해 신재생에너지 발전량을 2018년 35.6테라와트에서 2030년에 185.2테라와트로 5배 이상 확대한다는 계획이다.

그러나 이런 종류의 시나리오가 가진 문제는 다양한 에너지 수요를 가정한 탄소중립 시나리오가 없다는 점이다.[33] 예를 들어, 가장 핵심인 전력 요금 인상 문제가 빠져 있다. 2021년 12월 10일 산업통상자원부 발표에 따르면,

2050년까지 재생에너지 전원 비중을 70.8퍼센트까지 끌어올리고 청정수소 자급률도 60퍼센트로 높이기 위해 정부는 2025년까지 94조 규모의 탄소중립 투자 및 35조 규모의 정책금융 등을 지원하기로 했다고 한다. 그러나 탄소중립으로 가기 위한 에너지 전환 비용에는 정부와 민간 기업의 투자만 포함되는 것이 아니다. 재생에너지 사용이 늘수록 전력 요금의 인상은 불가피하다.

전력 요금 인상은 재생에너지 생산 가격이 얼마나 빨리 떨어지느냐에 달려 있으나 전기값을 인상하는 것은 정치적으로 쉽지 않을 수 있다. 한국전력은 2022년 1분기에 유가를 비롯한 연료비 가격 급등으로 7조 7869억 원에 가까운 역대 최대 규모의 영업손실을 냈다.[34] 그러나 2022년 7월부터 전기요금은 겨우 킬로와트당 5원 인상하는 데 그쳤다. 한전은 이번에 전기료 연료비 조정 단가가 킬로와트당 33.6원은 올라야 지금까지 오른 연료비를 메꿀 수 있다고 내다봤다.[35] 이는 향후 탄소중립을 이행하는 과정에서 국민의 동의를 구하는 것이 쉽지 않을 수 있음을 시사한다.

산업 부문에서 2030년까지 감축률이 상대적으로 낮은 것은 에너지 효율 솔루션 도입, 그리고 고효율 기기 도입 및 전기화가 우선적으로 추진됐기 때문이다. 이는 수소, 바이오 등 대체 원료 공급의 불안정성, 그리고 혁신공정 기술 개발과 적용의 어려움을 반영한 것이다. 수소환원제철과 같은 혁신공정의 개발과 적용은 2040년 이후에나 본격화될 것으로 기대하고 있다.

그러나 탄소를 줄이는 획기적이고 새로운 기술은 아직 개발 단계에 있으며 사실상 아직까지는 실현 가능성이 높지 않은 것으로 평가된다.[36] 탄소포집 기술의 경우에도 아직 완성되지 않은 기술의 성공 가능성을 지나치게 긍정적으로 반영했다. 또한 저장소 역시 안전성에 대한 고려가 없는 점을 지적할 수 있다.

반면 환경단체들은 기후위기를 막기에는 턱없이 부족한 목표치라며 비판하고 있다. 유엔기구인 '기후변화에 관한 정부 간 협의체Intergovernmental Panel on Climate Change, IPCC'가 지구 온도 1.5도 상승을 막기 위해 설정한 목표치를 달성하려면, 2030년에는 2018년 대비 최소 50퍼센트 이상 배출량을 감축해야 한다는 것이다.

## 윤석열 정부의 수정

윤석열 대통령은 문재인 정부가 제시한 전원별 구성과 다른 구조를 공약으로 제시했다. 석탄은 NDC와 큰 차이가 없지만, 재생에너지 비중을 30.2퍼센트에서 20~25퍼센트로 낮추고, 23.9퍼센트로 낮춘 원자력 비중을 10퍼센트포인트 정도 높게 제시한 것이다.[37] 한편 윤석열 대통령은 대통령 후보였을 당시 2035년까지 내연차의 등록을 금지한다는 공약을 제시해 NDC보다 급진적이라고 평가받기도 했다.

윤석열 정부는 풍력, 태양광 정책을 대대적으로 재검토한다고 알려졌는데, 그 이유는 농민과 어민들이 기존 정책을 반대하기 때문이라는 것이다. 실제로 농촌 태양광사업은 농민들의 반대로 좌절되고 있다. 2030년까지 12기가와트 규모의 해상풍력발전단지를 만들겠다는 문 정부의 계획도 2021년 11월 해양수산부의 반대로 제동이 걸린 바 있다.

한편 2022년 4월 28일 대통령직인수위는 녹색분류체계에 원전을 포함한다고 공식화했다. 사실 유럽연합이 2월 승인한 택소노미는 원전을 포함하되 엄격한 원전 폐기물 처리와 부지 기준, 사고에 견딜 수 있는 핵연료 기준 등을 요구한다. 그런데 과연 우리가 유럽연합과 동일한 기준을 만족시킬 수 있을지 의문이 든다.

2022년 7월 5일, 윤석열 정부는 관계부처 합동으로 「새 정부 에너지정책 방향」을 심의·의결해 새로운 에너지 정책 목표와 방향을 제시했다. 구체적인 내용을 보면, 신한울 3호기·4호기 건설을 재개해서 2030년 에너지믹스상 원전 발전 비중을 30퍼센트 이상으로 확대하겠다는 것이다. 또 원전 확대에 따른 고준위 방폐물 처분을 위한 특별법을 마련하고, 국무총리 산하 전담 조직을 신설해 컨트롤타워로 정하겠다고 했다.

윤 정부는, 재생에너지는 보급목표를 합리적으로 재정 립하고 석탄발전은 수급상황·계통을 신중하게 고려해 합리적 감축을 유도하겠다며 한발 물러섰다. 무탄소전원은 기술 여건을 감안해 활용 방안을 마련하고, 재생에너지 발전 증가에 따른 계통 안정화 방안을 마련하겠다는 내용도 발표했다. 사실상 '원전 확대와 재생에너지 축소'라는 기조로 전환하겠다고 선언한 것이다.

## 디지털 전환에 따른 자동차 산업의 변화

탄소중립과 디지털 전환에 가장 크게 영향을 받고 있는 산업 중 하나는 자동차 산업이다. 자동차 산업은 이른바 '정의로운 전환'과 관련해 가장 관심을 받는 분야이기도 하다. 우선 자동차의 글로벌 생산량이 2020년부터 급격히 줄어들고 있다. 코로나19의 영향도 작용했겠지만, 이전부터 세계 굴지의 자동차 기업들이 구조조정을 하고 있었던 것이 가장 큰 이유다. 내연기관차에서 전기차로 이행하는 과정에서 자동차의 전반적인 생산량이 감소한 것이다.

수년 전 한국GM이 철수한다고 해서 떠들썩했던 적이 있다. 이는 GM이 글로벌 생산기지 확보와 전기차 이행에 대해 전략적으로 판단한 뒤 내린 결론이라고 볼 수 있다. 전 세계 자동차 시장의 판도는 이미 내연기관차에서 친환경 자율주행차로 변화하고 있으며, 자동차 산업은 1990년대 이후부터 탈 수직계열화가 진행되는 중이다.

1990년대 이후 자동차 생산에서는 모듈화가 이루어졌다. 즉, 1차 벤더인 대형 부품 공급사가 여러 부품을 모듈 단위로 조립하는데, 이것들을 최종 생산자가 합쳐서 완성차를 만드는 식이다. 일본의 경우, 도요타가 덴소DENSO라는

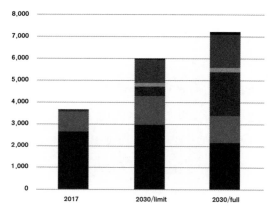

8,000
7,000
6,000
5,000
4,000
3,000
2,000
1,000
0

2017    2030/limit    2030/full

■ 내연기관 판매  ■ AS  ■ 공유이동  ■ 데이터 서비스  ■ 미래차 판매  ■ 신기술 AS

**미국 자동차 산업 매출 구조 변화**[38]

1차 모듈 생산업체를 자회사로 가지고 있다가 독립시켰다. 미국이나 유럽에서도 주요 모듈 생산업체는 독립된 회사다. 최종 생산업체인 BMW와 GM은 이들 회사와 계약을 통해 모듈을 모아 생산하는 방식을 택했다.

자동차 산업에서 혁신의 상당 부분이 모듈 단위에서 일어나고 있다. 대표적인 것이 자동차 전기·전자 장치인 전장이다. 현대자동차의 내연차만 하더라도 부가가치의 절반만 전통적인 내연 자동차 부품 등에서 발생하고, 나머지 절반은 이른바 전장에서 생겨난다. 이는 미국 자동차 산업의 매출 구조 변화를 봐도 알 수 있다.

## 모듈 단위의 혁신이 사라진 한국

그런데 1990년대 후반 이후 현대자동차는 오히려 기아와 합병하고 나머지 자동차회사인 쌍용, 대우, 삼성은 외국 기업에 팔린다. 그러면서 국내 자동차 시장은 독점화가 시작된다. 현대기아차의 독점 체제로 인해 부품을 생산하는 기업들은 이들과 전속계약 관계를 맺게 된다. 즉 탈 수직계열화에서 벗어나 반대로 수직계열화가 강화되고 부품을 생산하는 하청기업은 전속계약으로 묶이는 형국이다. 경쟁하는 환경이 사라지는 것이다.

그럼에도 현대자동차가 2000년대에 높은 성장률을 달성할 수 있었던 것은 하도급 구조하에서 단가를 후려쳤기 때문이다. 이로 인해 가격경쟁력이 강화되고, 싸고 품질 좋은 자동차를 잘 만든다는 평가를 받으면서 매출이 늘어나게 된다.

이런 상황에서 현대자동차는 수직계열화와 전속계약 체제를 바꿀 이유가 없어졌다. 저렴한 가격으로 전통적인 차를 잘 만드는 데 특화되기 시작했다. 그러다 보니 모듈 단위의 혁신이나 전기차 투자에서는 뒤처졌으며, 이런 이유로 국내에는 혁신적인 모듈회사들이 없다.

그러다 갑자기 전 세계 자동차 시장이 전기차와 전장, 그리고 하이엔드 자동차로 전환되자 현대자동차도 뒤늦게 따라잡으려 하고 있다. 하지만 국내에서는 부품 조달이 어려워 모두 수입에 의존해야 한다. 상황이 이렇다 보니 자연스럽게 생산비용이 높아져 넛 크래커 상황에 직면하게 된 것이다.

전장 분야는 전기와 자동차가 합쳐진 융합형 혁신이 필수적인데 한국의 경우 현대자동차를 중심으로 부품회사들이 일렬로 전속계약되어 있는 형국이다. 하지만 지금과 같은 재벌 중심의 전속계약 구조를 유지한다면 자동차 산업에서 혁신이 일어나기는 쉽지 않다. 이는 삼성전자나 LG전자도 마찬가지다. 이런 상황에서는 창조적 융합이 일어날 수가 없다. 우리나라처럼 자동차와 전자 산업이 모두 발달한 나라에 전장회사가 없는 이유다.

삼성전자는 미국 전장기업 하만Harman을 역대 가장 큰 규모로 인수 합병했다. 이는 수직계열화와 전속계약 관계에

서는 융합형 혁신, 즉 새로운 디지털 트랜스포메이션 시대
에 걸맞은 혁신이 일어날 수 없음을 단적으로 보여주는 사
례다.

## 디지털 전환에 따른 한국 자동차 산업의 과제

미래 자동차가 성공하기 위해서는 자동차 산업 자체의 변
화도 있어야 하지만 이것만으로는 충분치 않다. 기존의 내
연기관차에서 전기차나 자율주행차로 이행하려면 인프라
가 구축되어야 한다. 그런데 이는 자동차회사 단독으로 할
수 있는 일이 아니다. 법 제도도 바뀌어야 하고, 우리가 갖
고 있는 가장 심각한 난제인 산업 구조의 문제를 해결해야
하기 때문이다.

　자동차 산업의 수직계열화는 생산뿐만 아니라 판매와
서비스 사업에도 큰 영향을 미친다. 우선 해당 분야 종사자
수가 상당히 많은데, 자동차 산업이 전기차로 바뀌면 당연
히 부품 생산자들도 바뀌게 된다. 판매 방식도 기존의 영업
점 형태가 아닌 인터넷 판매 체제로 바뀔 것이며 오프라인
에 존재하는 다수의 매장 역시 사라지게 된다.

　그리고 전기차는 고장이 잘 나지 않으므로 서비스센터

도 지금보다 많이 줄어들 수밖에 없다. 이렇게 되면 판매나 서비스센터에 종사하는 이들이 직장을 잃을 가능성도 함께 커진다. 따라서 이런 부분에서 제대로 준비가 되어 있지 않으면, 사회적 비용이 과도하게 들고 전환도 쉽게 진행되지 않을 것이다.

현대자동차 노동조합에서 만든 자료에 따르면 2025년까지 전기차 생산 계획이 정해져 있다. 만일 이 계획대로 진행된다면 현재 일자리의 3분의 1 정도가 사라질 전망이다. 현대자동차는 노사협약에 의해 정규직 직원이 나가면 정규직을 뽑게 되어 있다. 그런데 아이러니하게도 현대자동차는 이런 문제를 원천봉쇄하기 위해 회사의 규모가 커질 때마다 정규직을 채용하지 않고, 오로지 비정규직만을 뽑아왔다.

현재 현대자동차 노동자의 임금이 꽤 높은 편인데, 그 이유는 노동자들의 나이와 경력이 많은 데다 신입 정규직을 뽑지 않았기 때문이다. 이로 인해 2025년까지 발생할 정년퇴직자의 수가 상당히 많은데, 자연 감소분을 충원하지 않으면 인원 조정은 쉬울 수 있다. 노사가 합의만 하면 되는 문제지만 이것이 말처럼 쉽지는 않다. 노조가 자기 권

| 구분 | 세부 내용 | 고용 감소 규모 |
|---|---|---|
| 대체 소재<br>(경합금, 탄소강화섬<br>유 등) | 코나 휀다 적용<br>이퀴녹스 82% 적용 | 프레스 70% 이상 감소 |
| | | 차체 70% 이상 감소 |
| | | 도장 70% 이상 감소 |
| 대체 동력원 | 엔진<br>변속기 | 소재, 단조 업무 100% 감소 |
| | | 엔진사업부 100% 감소 |
| | | 변속기사업부 100% 감소 |
| 부품 수 감소 | 내연차 3만 개<br>전기차 1만 3000개 | 의장 조립 공수 60% 감소 |
| | | 생관 물류 업무 60% 감소 |
| 3D 프린팅 기술 | 개성 강조, 특수차량 수요 | 1~3% 수요 잠식 |
| 공유경제 확대 | 렌트카, 택시회사 중심 성장 | 시장 규모 10% 이상 감소 |

**현대차 고용 변화 전망**[39]

리를 포기하려면 사측에서도 그만큼의 반대급부를 주어야 한다.

더 큰 문제는 전속계약을 맺은 하청기업들이 울산과 창원 등에 거의 집중되어 있으며, 여기 있는 기업의 약 40퍼센트가 망할 수 있다는 사실이다. 엔진 관련 업체부터 사라질 것으로 예상되는데, 이들 하청기업에 대해 현대자동차

| 구분 | 2020년 | 2025년 | 2030년 |
|---|---|---|---|
| 전기차 | 3만 9951대 | 22만 7524대 | 37만 7217대 |
| 주유소 | 193곳 | 109곳 | 13곳 |
| 정비업소 | 502곳(2019년) | 64곳 | 21곳 |

**전기차 확산에 따른 제주 지역 주유소 및 정비업소 전망**[40]

는 그 어떤 법적 책임도 없다. 당연히 보상해줄 생각도 없으리라 추측된다. 그렇게 되면 울산, 창원 등의 지역경제는 엄청난 충격을 받을 수밖에 없는 상황이다.

이런 이유로 디지털 전환을 용이하게 하려면 노사정이 협의해서 중소기업 부품회사 노동자들의 전직이나 새로운 일자리 마련 등을 준비해야 한다. 선제적으로 대응하지 않으면 사실상 하루아침에 폭탄이 터질 수 있다. 이는 2~3년 전부터 계속해서 제기되던 문제다. 그런데 실제로는 아무런 준비 없이 전기차 시장으로 달려가고만 있는 상황이다.

주유소와 정비업소도 비슷한 구조적 문제를 안고 있다. 에너지경제연구원에서 나온 전망을 보면, 국내 전기차 보급률 1위 지역인 제주도는 현재 주유소가 193곳에서

2030년에는 13곳으로 줄어들 예정으로, 주유소가 거의 없어지는 추세다. 정비업소도 502곳에서 21곳으로 급감할 것으로 예측했다. 그렇다면 여기에 종사하는 이들의 일자리 문제는 어떻게 할 것인가?

이는 단지 경제적인 문제로만 치부해서는 안 된다. 탄소중립과 디지털 전환 과정에서 생길 수 있는 산업 구조와 일자리 변화는 사회문제화될 수 있다. 이에 대해 충분한 사회적, 정치적 논의가 이루어져야 하는데 현실은 그런 요구를 따라가지 못하고 있다.

모듈 생산 시스템의 긍정적인 점이 있
음에도 왜 우리나라는 독점 수직계열
화를 고집했는가?

1990년대 이후 선진국의 제조업에서는 이른바 탈
수직계열화가 일어났다. 중간재 산업에서 혁신이
일어나면서 최종재 품질을 좋게 만들어주는 이른
바 '개방형 혁신 시스템'으로 변화한 것이다. 이는
새로운 혁신에 굉장히 유리한 체제다. 하지만 당
시 우리나라는 거꾸로 수직계열화와 전속계약이
강화된다. 이로써 최종재를 생산하는 재벌들이

단가 후려치기로 훨씬 더 많은 이윤을 올릴 수 있는 제도적 환경이 구축되었다.

---

팬데믹 상황에서도 한국 경제의 성장세나 회복률은 높게 평가받고 있다. 구조적 문제가 있음에도 그렇게 평가받는 이유는 무엇인가?

구조적 문제는 비유하자면 유리잔에 물이 차오르는 것과 같다. 넘치기 전까지는 느낄 수 없다. 1997년 IMF에 구제 금융을 신청하기 두세 달 전만 해도 외국의 국제기구와 한국 경제 관료들은 우리 경제의 거시 펀더멘털이 좋다고 이야기했다. 그러다 구조적 문제점이 누적돼서 터져 나온 순간 위기를 깨달았다. 지금도 마찬가지다. 임계점을 향해 가고 있음에도 거시 지표만 보면 상황이 좋아 보일 수 있다.

코로나19 팬데믹의 경우 우리나라의 초기 방

역은 성공적이었다. 자영업에 대해서는 상당히 많은 제약을 가했지만 공장은 계속 가동했기 때문에 생산 측면에서 다른 나라보다 타격이 적었고, 수출을 많이 할 수 있었다. 그리고 백신 개발과 함께 미국과 선진국이 빠르게 회복하면서 수출도 증가했다. 다른 국가와 비교했을 때 상대적으로 성장률이 덜 떨어지고 회복률이 빨랐던 이유는 구조적인 문제의 유무가 아니라 단기적인 생산 장애와 수출 수요의 회복 때문이었다. 그것 때문에 구조적 문제가 부각되지 않고 있는 것이다.

---

탄소중립과 디지털 전환 과정에서 가장 빠른 속도로 쇠퇴하거나 소멸하게 될 산업군과 일자리에는 어떤 것들이 있을까?

탄소 배출량이 특히 많은 제철이나 석유화학 산업은 탄소국경세의 도입으로 당장에 타격을 받을 산업들이다. 또한 전기차로 전환이 이뤄지면서 내연기관 부품을 생산하는 중소기업들도 직격탄을 맞을 수 있다. 디지털 전환은 플랫폼 노동자를 양산하고 전통적인 유통 서비스업의 몰락을 야기한다.

**3부**

한국 경제,

위기가
오기 전

해결해야 할
문제

개도기 시절의 경제성장 이후 한국 경제는 제조업의 위기, 혁신 경제로의 이행 지체, 포스트 코로나19의 도전에 직면해 있다. 이를 극복하기 위해서는 재벌 중심의 경제구조 개혁이 필요하다. 과도한 내부거래와 수직계열화는 혁신의 기회를 제한하고 기술 탈취와 단가 후려치기는 혁신의 유인을 제거한다. 재벌 중심의 경제구조는 임금 불평등, 자영업의 빈곤과 노인빈곤, 청년실업과 저출산이라는 사회문제의 근원이 되고 있다.

# 한국에서
# 공정한 시장은
# 불가능한가

## 경쟁과 혁신을 방해하는 한국식 재벌 체제

한국의 경제 체제에서 재벌 대기업은 주로 최종재 생산을 담당하는데, 최종재 생산은 독과점화되어 있다. 특히 1997년 경제 위기 이후 최종재 산업의 독과점 양상은 더욱 심화된 상황이다.

대표적인 예가 자동차 산업이다. 현대자동차가 기아를 인수하면서 현대기아차가 한국 자동차 시장의 70~80퍼센트를 차지하게 된다. 쌍용자동차, 대우자동차, 삼성자동차가 외국계 회사에 매각되면서 전체 자동차 시장에서 이들의 점유율이 더 낮아지고 결국 현대기아차의 독점 시대가 열린 것이다.

그러다 보니 현대기아차 밑에는 수많은 하청기업들이 전속거래 관계를 유지하게 된다. 부품을 만드는 협력사들을 벤더라고 부르는데, 이들 1차 벤더와 2차 벤더가 모두 수직적으로 현대기아차에 전속계약 상태로 매이게 된 것이다.

이렇게 전속계약으로 묶이면 어떤 일이 생길까? 반복거래를 통해 대기업, 즉 원청기업이 하청기업의 비용 구조를 거의 다 파악하게 된다. 비용 구조를 파악하게 되면 단가 후려치기를 쉽게 할 수 있다. 또한 하청기업은 혁신을 통해 원가를 절감할 수 있는 기술을 만든다 해도 결국 대기업에게 그 기술을 탈취당하고 만다. 원청기업은 하청기업의 기술을 빼앗아 다른 기업에 넘긴 후 제품을 더 싸게 만들도록 해서 단가를 낮추는데, 이런 행태가 무한히 반복되고 있다.

그러다 보니 부품 소재를 생산하는 중소기업의 주 무대인 B2B<sup>Business to Business</sup>에서의 혁신은 기회와 유인 모두 사라지는 문제에 직면한다. 산업연구원의 2016년 보고서에 의하면, 2014년 국내 완성차 7개 회사에 대한 1차 협력사의 납품 수는 1804개로 증가했으나, 1개사와만 거래하는 협력사 비중은 48.9퍼센트, 2개사와 거래하는 비중은 25.4퍼센트로 나타났다. 결국 국내 자동차 시장의 70퍼센트 이상을 점유하고 있는 현대기아차와의 거래 비중을 고려할 때 지난 20여 년간 전속거래 구조는 거의 바뀌지 않은 것으로 판단된다.[41]

2020년 산업연구원 보고서도 유사한 결론을 도출하고 있다.[42] 이 연구보고서는 한국자동차산업협동조합으로부터 최초에 1차 협력으로 거래를 시작한 기업 중심의 833개사와 자동차부품산업진흥재단으로부터 2차 이하 협력기업 중심의 415개사 리스트를 제공받았다. 그리고 이 중에서 2018년 기준 자동차 산업의 부품 기업 일반현황, 주력 품목, 주거래기업, 혁신 수준에 대해 설문조사에 응한 총 505개사를 분석 대상으로 하고 있다. 설문에 응답한 505개 자동차 부품 기업 가운데 법정 중소기업은 77.82퍼센트(393개사), 법정 중견기업은 21.39퍼센트(108개사), 대기업 혹은 대기업 계열사는 4개사였다.

이 보고서는 주거래기업에게 주력 생산 품목을 판매한 금액의 비중이 전체 매출액에서 50퍼센트 이상 차지하는 기업을 전속거래기업으로 정의하고 있다. 그런데 전체 샘

플에서 전속거래기업이 차지하는 비중은 35.25퍼센트로 나타났다. 그러나 현대차와 기아차가 사실상 동일인에 의해 지배되고 있으므로, 자동차 부품 시장에서는 2개사와 주로 거래하는 기업도 전속거래기업으로 포함할 필요가 있다. 한편 2016년 보고서에서 1개 기업과 주로 거래하는 기업 비중이 48.9퍼센트였으나, 이 보고서에서는 35.24퍼센트로 비중이 줄었다. 그러나 설문에 응답한 기업들이 전체의 40퍼센트 정도고, 이들 기업이 상대적으로 규모가 큰 기업일 수 있다는 점에서 전속거래의 비중이 줄었다고 판단하기는 어렵다.

그런데 상당수의 실태조사 결과에서 전속거래기업과 비전속거래기업 간에 유의한 차이가 나타나지 않았다. 설문에 응한 비전속거래기업군은 전속거래기업군에 비해 매출 의존도만 낮을 뿐 그 외에는 큰 차이가 없다는 것이다. 그 이유를 수요 독점적인 자동차 부품산업의 환경에서 하도급 혹은 수·위탁거래에 기반해 생산하고 있기 때문이라고 보고서는 평가하고 있다.

구체적으로 보면, 전속거래기업 가운데 해당 기업의 주력 품목을 주거래기업에게 납품하고 있는 타 경쟁기업의 수가 한 개 이상이라고 응답한 기업의 비중은 96.2퍼센트에 육박했다. 이는 수요 독점적인 시장 구조에서 연유하는 복사 발주가 전속거래 여부와 관계없이 국내 자동차 부품 산업에 일상화되어 있음을 시사한다.

한편 설문에 응답한 자동차 산업의 부품 기업 규모가 상당히 큰 수준임을 고려해야 한다. 따라서 자동차 산업의 부품 기업의 실태조사 결과가 자동차 산업보다 규모가 상대적으로 작은 부품 기업이나 전속거래기업으로 구성된 타 업종의 결과보다 상대적으로 양호할 가능성을 염두에 둘 필요가 있다.

## 미국 경제는 어떻게 혁신을 이룰 수 있었는가

공정한 기회가 없으면 혁신도 없다는 게 한국의 이야기만은 아니다. 미국에서도 이와 유사한 사례가 있었다. 1960년대까지 미국의 자동차 산업은 GM, 포드, 크라이슬러 이 세 개의 회사가 카르텔을 형성하고 있었다.

과거 1950~1960년대 미국 영화를 보다 보면 '저 차는 몇 년형 모델이다'라며 앞뒤 조명등 모양만으로도 알아맞힐 수 있었다. 그 당시 미국에서는 조명등 모양만 바꿔서 새로운 모델로 차를 팔 정도로 변화와 혁신이 없었기 때문이다. 그때 미국의 자동차 산업은 세 개 회사를 중심으로 형성된 카르텔 아래서 부품을 생산하는 하청기업들이 전속계약으로 계속 묶여 있었다. 당연히 혁신은 일어날 수 없는 구조였다.

이후 1970년대에 오일 쇼크가 오면서 일본 자동차가 미국 시장에 진입하게 되고, 미국의 완성차 3사는 큰 위기에 직면하게 된다. 일본 자동차회사들이 미국에 공장을 짓고, 미국에 있는 부품 생산자들에게 부품을 조달받으면서 미국 자동차 산업에서 뿌리 깊던 전속계약이 깨지기 시작한 것이다. 이처럼 카르텔과의 전속계약이 붕괴되며 미국 부품 기업이 생산하는 제품의 품질과 생산성이 급격히 올라갔다. 이로 인해 미국 완성차회사들도 다시 경쟁력을 회복해 새로운 약진을 할 수 있었다.

이 사례는 시카고 비즈니스 스쿨의 교수 라구람 라잔Raghuram Rajan과 루이지 징갈레스Luigi Zingales 가 쓴 『자본가로부터 자본주의 구하기Saving Capitalism From The Capitalists』에 등장하는데, '경쟁이 없어지면 자본주의는 작동하지 않는다'는 것을 단적으로 보여주는 사례다.

또 다른 예도 있다. 1980년대 초까지 미국의 통신서비스 산업은 AT&T가 로컬 전화 서비스뿐만 아니라 장거리 전화 서비스까지 독점하고 있었다. 그러다 보니 전화기와 통신 장비도 AT&T의 자회사 웨스턴 일렉트릭Western Electric 이 독점했다. 미국의 옛날 영화에 똑같은 검은색 전화기만 보일 정도로 통신 장비와 전화기 분야에서 특정 기업이 독점을 유지하고 있었다. 당연히 경쟁도 혁신도 없었다.

그런데 1980년 초, 반독점법에 의해 AT&T가 분할되는 일이 벌어진다. 장거리 전화 서비스에는 AT&T와 MCI 등 경쟁사업자가 진입했고, 로컬 전화 서비스는 일곱 개의 베이비 벨Baby Bell로 분할돼 지역 독점기업으로 쪼개진다. 이 과정에서 통신 장비를 만드는 자회사 웨스턴 일렉트릭도 분리되어 독립회사가 되었고, 통신 장비 시장에 경쟁이 도입되었다.[43]

이후 전화기와 통신 장비 시장에 일대 혁신이 일어난다. 무선 전화기와 팩스가 나오기 시작하면서 이른바 ICT 혁명이 시작된 것이다. 만약 AT&T의 분할이 없었다면 지금 우리가 누리는 많은 ICT 혁명은 더 늦게 찾아왔을지도 모를 일이다. 이처럼 미국의 사례에서도 명확히 확인할 수 있듯 경쟁이 없는 시장에서는 결코 혁신이 일어날 수 없다.

## 기술 탈취와 일감 몰아주기로 사라져버린 혁신

한국의 경우는 특정 재벌 중심으로 하청기업이 전속계약을 맺고, 그렇게 서로 묶이면서 경제 블록이 생겼다. 이런 상황에서는 경쟁의 기회가 사라지고 혁신은 일어나기 어렵다. 무엇보다 혁신의 유인이 없다.

2021년 중소기업중앙회가 발표한 보고서에 따르면, 지난 5년간 기술 탈취 피해를 본 기업이 246여 곳이고 피해액은 5400억 원에 달한다. 문제는 보복이 두려워서 실태조사에 응하지 않은 기업이 많다는 점이다. 즉 중소기업의 기술 탈취 피해액은 어느 정도인지 가늠하기 어려울 정도로 크다고 볼 수 있다. 실제로 중소기업 대표들과 이야기를 나누다 보면 대부분 직간접적으로 기술 탈취 경험이 있다고 토로했다.

기술 탈취는 중소기업의 생존 자체를 위협하는 불공정한 행위다. 그럼에도 위탁 대기업들은 기술력 검증, 단가 분석 등의 이유로 각종 자료 제공을 강요하고 있다. 이러한 요구를 거절할 경우 거래 단절 등을 우려한 중소기업들은 어쩔 수 없이 기술 자료를 제공할 수밖에 없는 상황이다.

이처럼 기술 탈취가 만연한 상황에서는 노력해서 혁신을 이룬다 해도 그 대가를 본인들이 가질 수 없다는 자괴감에 빠진다. 이런 상황이다 보니 애써 혁신할 필요를 느끼지 않고 있다. 혁신의 유인이 사라진 것이다. 거기에 단가 후려치기까지 성행하고 있으니 혁신을 시도할 여력조차 없는 게 현실이다. 이런 이유로 중간재 산업의 중소기업은 누구나 다 만들 수 있는 고만고만한 제품을 더 싸게 만드는 저가경쟁에 내몰려 있다.

이러한 경영 환경 속에서 한국 부품회사의 물건은 품질 대비 가격이 저렴하다는 평가를 받는다. GM이 대우를 인수해 한국에서 사업을 유지했던 이유 중 하나도 품질이 좋은 부품을 싸게 구할 수 있었기 때문이다. 전속계약과 단가 후려치기로 현대자동차는 2000년대에 굉장한 성장률을 기록했다. 도요타나 폭스바겐보다 더 좋은 수익률을 거두었다. 그러나 하청업체들에 대한 단가 후려치기와 기술 탈취로 최종재의 가격경쟁력을 유지하던 현대자동차는 점차 기술 혁신을 등한시하기 시작했다. 현대자동차는 '2020년 CEO 인베스터 데이'에서 2030년까지 R&D, 설비투자 등에 95조 원 이상을 투자하겠다고 발표했다. 그런데 전체 투자 금액 중 전동화 부문 투자액은 19조 4000억 원에 그친다. 이는 전기차 후발업체인 도요타의 절반에도 미치지 못하는 금액이다. 현대자동차는 전동화 부문의 투자를 늘리기는커녕 막대한 자금으로 한전 부지를 매입했다. 급변하는 세계 자동차 시장에서 살아남기 위해서는 혁신 경쟁에서 뒤지지 않을 기술 개발에 역량을 쏟아야만 한다. 그런데 현대자동차는 정반대의 선택을 한 셈이다.

# 재벌 대기업 구조가
# 낳은 사회적 불평등

## 재벌 중심의 경제 체제가 낳은 소득 불평등

재벌 대기업의 수직계열화와 전속계약에 따른 폐해는 혁신을 저해하는 데서 끝나지 않는다. 재벌 중심의 전속계약 관계 및 단가 후려치기는 기본적으로 소득 불평등의 원인으로 자리하게 된다. 이는 중소기업의 저생산성, 저임금 문제로까지 이어져 사회적 양극화를 주도하는 원인이 되는 것이다.

　현대자동차와 하청업체의 수익성 추이를 살펴보자. 현대자동차가 잘나가던 2011년~2014년 데이터를 바탕으로 계산해보면, 현대자동차나 현대모비스 등의 수익이 100퍼센트일 경우 1차 벤더의 수익률은 60~70퍼센트 정도이며,

| 구 분 | 2014 | 2013 | 2012 | 2011 |
|---|---|---|---|---|
| 현대자동차 | 8.5% | 9.5% | 10.0% | 10.4% |
| 현대모비스 | 8.5% | 8.6% | 9.4% | 10.0% |
| 1차 대기업 | 5.8% | 6.3% | 6.8% | 5.6% |
| 1차 중기업 | 3.8% | 4.3% | 4.0% | 4.3% |
| 1차 중기업(비전속) | 5.4% | 6.1% | 6.1% | 6.6% |
| 2차 벤더 | 2.8% | 3.2% | 2.0% | 1.8% |

현대자동차와 하청업체 수익성 추이[44]

2차 벤더는 30~40퍼센트 정도에 머문다.

이러한 수익률 격차가 의미하는 것은 무엇일까? 이 격차는 대기업, 중견기업, 중소기업의 임금 격차와 거의 동일하다. 주목해야 할 점은 한국처럼 대기업과 중소기업의 임금 격차가 심한 곳은 선진국 내에서는 찾아보기 힘들다는 것이다.

일본의 경우에 500인 이상 기업의 임금 수준을 100이라

| 구분 | 한국 | | 일본 | | 일본 대비 | |
|---|---|---|---|---|---|---|
| | 평균임금 | 500인 이상 대비 | 평균임금 | 500인 이상 대비 | 평균임금 | 비중 차이 |
| | A | C | B | D | (A/B) | (C-D) |
| 1~4인 | 1,745 | 32.6 | 2,270 | 65.7 | 76.9 | -33.1p |
| 5~9인 | 2,583 | 48.3 | 2,665 | 77.1 | 96.9 | -28.8p |
| 10~99인 | 3,061 | 57.2 | 2,893 | 83.8 | 105.8 | -26.6p |
| 100~499인 | 3,742 | 70.0 | 3,034 | 87.8 | 123.3 | -17.8p |
| 500인 이상 | 5,347 | 100.0 | 3,455 | 100.0 | 154.8 | |
| 전체 | 2,896 | 54.2 | 3,044 | 88.1 | 95.1 | -33.9p |

단위: ppp (기준 천 원, %)
주: ppp 환율은 2019. 3. 25 기준

**기업 규모별 평균 임금 비교(2017)**[45]

고 잡았을 때, 중견기업의 임금은 88퍼센트 수준이다. 반면 우리나라는 70퍼센트 수준으로 급격히 떨어진다. 더 놀라운 것은 중소기업에 해당하는 10~99인 조직의 경우, 일본이 83퍼센트를 유지하는 데 반해 우리나라는 57퍼센트에 불과하다. 10인 이내 회사의 경우 우리나라는 43퍼센트, 일본은 77퍼센트 수준이다. 일본의 기업 규모별 임금 차이는 독일이나 미국과 거의 비슷하다. 우리나라만 예외인 셈이다.

왜 한국은 대기업과 중소기업의 임금 격차가 이렇게 크게 벌어져 있을까? 대기업과 중소기업 사이에 만연한 기술 탈취와 단가 후려치기가 가장 큰 문제다. 사실상 기술을 빼앗기며 착취당하는 중소기업은 혁신할 여력이 없다. 생산성마저 떨어져 제품을 싸게 만드는 데만 매몰되어 있으니 격차는 점점 더 벌어질 수밖에 없다. 노동경제학자들에 따르면 이러한 임금 불평등은 기본적으로 우리나라 소득 불평등의 가장 큰 원인이라고 한다.

임금 소득 불평등은 주로 시장 소득 불평등을 의미하는데, 왜 우리나라의 재분배 정책은 다른 OECD 국가에 비해 불평등 완화 효과가 약한 것일까? 그 이유는 많은 재분배 정책이 임금 소득과 연계되어 있기 때문이다. 좋은 직장을 가진 사람들은 재분배 정책에서도 많은 혜택을 본다. 이전 소득에서 가장 중요한 것이 바로 고용보험과 연금이기 때문이다.

물론 소득 수준이 낮은 이들에게 주는 기초연금 등도 재분배 정책의 좋은 예다. 그렇지만 아직까지 공적 이전에서 가장 큰 부분은 연금과 고용보험이다. 그런데 연금과 고용보험은 정규직이나 좋은 직장을 가진 사람에게는 유리하고, 고용 상태가 취약한 사람에게는 불리하다는 데 맹점이 있다.

흔히 '경제활동인구'는 노동을 할 수 있는 인구 중 실제로 경제활동을 하겠다는 사람들로, 취업자와 실업자로 나뉜다. 경제활동을 할 의사는 있는데 직장을 구하지 못한 사람은 실업자라 하고, 직장을 구한 사람은 취업자라 한다. 반면 아예 경제활동 의사가 없는 사람은 '비경제활동인구'

|  | 인원수<br>(만명) | 월평균임금<br>(만원) | 최저임금<br>미만 | 국민연금<br>가입률 | 노조조직률 |
|---|---|---|---|---|---|
| 정규직 | 1,307.8 | 330.38 | 4.45 | 94.90 | 19.30 |
| 비정규직<br>(가입) | 335.9 | 209.91 | 16.59 | 77.59 | 5.14 |
| 비정규직<br>(비가입) | 412.2 | 145.16 | 44.64 | 4.20 | 0.67 |
| 전체 | 2,055.9 | 264.25 | 16.47 | 69.45 | 12.31 |

**노동조건별 고용보험과 국민연금 가입**(2019.8.경활부가조사)[46]

• 실업급여: 월 180~198만 원(Full-time)
• 다수의 비정규직 노동자와 자영업자가 실업급여/최저임금보다 낮은 소득
• 고용보험 미가입 비정규직은 국민연금도 미가입

라고 한다.

취업자는 다시 임금 근로자와 비임금 근로자로 나뉜다. 임금 근로자도 정규직과 비정규직으로 나뉘는데 임금 근로자의 3분의 1이 고용보험에 가입되어 있지 않다. 그리고 비임금 근로자는 거의 고용보험에 가입되어 있지 않다. 이때 비임금 근로자는 특수 고용 노동자, 즉 택배업 종사자, 보험설계사 등과 자영업자 등을 가리킨다.

취업자 중 조건이 좋지 않은 절반은 고용보험에 가입되어 있지 않은 상황인 것이다. 그런데 고용보험에 가입된 사람과 그렇지 않은 사람 사이에서는 국민연금 가입률도 크게 차이가 난다.

앞의 도표를 보면 정규직도 고용보험 가입 여부에 따라 나뉜다. 비정규직인데 고용보험에 가입되어 있다면 꽤 좋은 직장에 다닌다고 보면 된다. 정규직과 고용보험에 가입된 비정규직을 비교해보면, 월평균 임금은 각각 330만 원과 209만 원이다. 고용보험에 가입된 비정규직이라 해도 월급에서는 정규직과 꽤 차이가 난다.

그렇다면 고용보험에 가입되어 있지 않은 비정규직의 임금은 어떨까? 정규직은 물론 고용보험에 가입된 비정규직보다 더 낮다. 임금의 차이뿐만 아니라 국민연금 가입률도 고용보험에 가입되지 않은 비정규직은 4.2퍼센트밖에 되지 않는다. 그러므로 공적 이전을 통한 소득 불평등 완화 효과는 여전히 적다고 볼 수 있다.

## 대기업 하청 구조로 인한 소득 불균형 문제

한국의 소득 불평등 문제에는 기본적으로 정규직과 비정규직 그리고 그 안에서도 좋은 직장과 그렇지 않은 직장 사이의 임금 격차가 반영되어 있다. 재벌 중심의 경제구조에서 대기업과 중소기업 사이에 벌어진 격차가 소득 불평등과 재분배 정책에 고스란히 반영된 것이다.

앞서 언급했듯이 현대자동차의 경우 정규직이 나가면 정규직을 뽑도록 되어 있다. 그러나 정규직 자체를 뽑지 않기 위해 최근에는 새로운 일자리를 모두 비정규직으로 채웠다. 이런 상황에서 노동자는 현대자동차의 비정규직이나 그 밑에 있는 중소기업의 정규직 중 하나를 선택해야 할 수도 있다.

현대자동차 정규직의 급여를 100퍼센트라고 가정한다면, 1차 벤더회사의 정규직 급여는 60~70퍼센트에 해당하며 현대자동차의 비정규직 임금과 거의 같다. 그런데 1차 벤더, 2차 벤더회사의 비정규직 중에서도 고용보험 비가입자는 가장 적은 임금을 받고 있다.

대기업과 하청기업의 열악한 전속관계 때문에 상당한 임금 격차가 존재한다. 그런데 고용보험 비가입 비정규직의 경우는 더 적은 임금을 받음으로써 그 격차는 더욱 커진다. 바로 이것이 소득 불평등의 가장 큰 원인이 되고 있으며, 재분배 정책이 제대로 작동되지 않는 원인이라고 볼 수 있다. 이처럼 재벌 중심의 경제구조는 혁신을 방해할 뿐만 아니라 사회적 불평등의 근본적 원인이다.

**대기업 사무직의 조기퇴직**

대기업과 중소기업의 임금 격차 심화는 우리 사회 전반에 걸쳐 다양한 사회문제를 낳고 있다. 우선 대기업 내에서도 고용상의 갈등이 심화되고 있다. 대기업의 임금은 연공 서열에 따라 상승하는데, 50세가 되면 특히 임금 상승 폭이 커진다.

이때 가격경쟁력을 최우선시하는 기업 입장에서는 임금에서도 단가 후려치기를 하는데, 50대 부장과 30대 대리의 역량 차이가 별로 없다는 생각을 하게 된다. 즉 인적자본을 그리 중요하게 여기지 않는 것이다. 하지만 인적자본의 측면에서 보면 50대 직장인들은 가장 많은 역량이 축적되어 있을 나이다. 업무 경험은 물론이고 지식 면에서도 상당한 내공이 쌓여 분야 전문가가 되었을 시기다. 그런데 정작 회사 입장에서는 그것이 그다지 중요하지 않다. 왜 그럴까?

회사 입장에서 가장 중요한 경쟁력은 업무 역량이 아니라 가격경쟁력이기 때문이다. 따라서 기업의 선택은 이들을 조기퇴직시키는 것이다. 직장인 10명 중 1명만 정년퇴직을 하고, 무려 40퍼세트가 조기퇴직을 한다는 통계도 있다.[46] 특히 40대 후반에서 50대 초반의 사무직 직원들이 강제로 조기퇴직을 당하는 비율이 높다고 한다.

아직 한창 일할 나이에 실직하면 실의에 빠진다. 단지 금전적 어려움뿐 아니라 자신감을 잃고 자기 자신에 대해 부정적인 생각을 하게 되는 것이다. '내가 쓸모없는 사람인가?', '나는 잘할 수 있는데 조직에서는 그렇게 생각하지 않는구나' 하는 등 상실감에 빠져 좌절하다가 1년쯤 지나면 불안한 마음이 든다. 뭐라도 해야겠다는 생각을 하게 되는

데, 이때 많은 퇴직자들이 하는 선택은 프랜차이즈 치킨집을 오픈하는 것이다. 하지만 이런 식의 창업은 대부분 5년 안에 망하는 일이 많다. 그다음 기다리고 있는 것은 노인빈곤이다.

2015년 기준 66세 이상 노인빈곤율은 45.7퍼센트로 OECD 가입국 중 우리나라가 1위를 차지했다. 그리고 한국경제연구원의 2019년 자료를 보면 노인가구빈곤율은 일반가구의 5.4배에 달하는 것으로 나타났다.

상황이 이렇게 되자 정부도 노인빈곤 문제의 심각성을 깨닫고 일자리 복지 정책을 펼치고 있지만 이 역시 임시방편에 불과하다. 진정한 의미의 복지 정책을 마련하는 대신 일자리 정책으로 대체하면서 국가 재정을 쓰고 있기 때문이다. 그리고 이런 식의 문제 해결책 때문에 국가 재정 부담은 상당히 가중되는 상황이다.

조기퇴직, 자영업 문제, 노인빈곤으로 이어지는 사회문제는 경제의 구조적 혁신 없이는 근본적인 해결책을 이끌어낼 수 없다.

## 자영업의 공급 과잉과 청년실업 문제

"자영업의 구조적 문제가 신용카드 수수료나 임대료를 완화해준다고 해결될 것 같습니까?" 자영업에 종사하는 이들을 만나 이야기를 나누다 보면 이런 이야기를 자주 듣게 된다.

지금도 자영업에 진입하려는 이들이 줄을 서 있다. 대부분의 조기퇴직자들은 연금을 받으려면 약 10~15년이 남아 있고, 아이들은 한창 공부할 나이다. 그들에게는 선택지가 많지 않다. 당장 돈을 벌어야 하니 퇴직금으로 자영업을 하는 것밖에는 달리 뾰족한 수가 없다. 이렇게 해서 자영업의 과잉 공급 사태가 벌어졌고 당연히 자영업의 수익률은 높을 수가 없다. 중소기업연구원 조사에 따르면, 2017년도 자영업 폐업률은 87.9퍼센트, 특히 음식점 폐업률은 92퍼센트에 달한다. 조기퇴직자의 대다수가 이렇게 퇴직금으로 시작한 자영업에 실패하고 노인빈곤에 빠지는 악순환 국면에 진입하게 된다.

그렇다면 젊은이들의 사정은 어떨까? 그들이라고 별다르지 않다. 그들의 꿈은 공무원 혹은 공기업이나 대기업 입사다. 중소기업은 웬만해선 가지 않으려 한다. 임금 격차가 심한 데다 이른바 '프린지 베네핏<sup>Fringe Benefits</sup>'이라는 부수적인 특전이 훨씬 적기 때문이다. 중소기업에 취업하면 고용보험과 연금뿐 아니라 그 외의 복지 서비스가 굉장히 열악하고 사회적인 편견도 감당해내야 한다.

이로 인해 청년실업도 날로 늘어나는 추세다. 공시족과 대기업 입사를 위해 취업 재수를 하는 이들이 증가하면서 사회생활을 시작하는 나이가 점점 늦어져 30대 초중반에 이른다. 문제는 그때부터 일해도 회사생활을 채 20년도 못한다는 점이다.

최근 자료를 보면 근속 기간이 약 15년 정도인데[47] 그 기간 동안 연금을 모아봤자 노후 자금으로는 턱없이 부족하다. 퇴직금도 적을 수밖에 없다. 그러니 이들 역시 자영업으로 내몰린다. 별다른 방안이나 돌파구가 없기 때문이다. 비혼인구가 늘어나는 것도 이런 사회적 현상과 맞물린다. 직장 없이 결혼을 한다는 것은 어려운 일이기 때문이다. 결혼과 내 집 마련도 부모의 경제적 도움 없이는 쉽지 않은 일이 되었다.

결혼한 이들은 대개 맞벌이를 선호한다. 문제는 여자들이 육아와 집안 살림에 직장생활까지 삼중고에 시달린다는 점이다. 이런 사정을 뻔히 아는 젊고 유능한 여성들은 결혼하지 않는 삶을 선택한다. 결혼해서 주거비와 사교육비를 감당할 생각을 하니 버겁고 자신이 없기 때문이다. 당연히 출산율은 떨어지게 된다. 이런 상황에서 출산 지원 정책을 펼쳐봤자 먹힐 리 만무하다.

이처럼 청년실업과 저출산, 조기퇴직과 영세 자영업자의 급증, 노인빈곤 문제 등은 모두 하나로 연결되어 있다. 이는 우리나라 경제 체제에서 혁신이 일어나지 않고 불평등이 악화되면서 생긴 구조적 문제에 기인한다. 근본적인 문제를 해결하지 않고서는 어떤 정책을 써도 백약이 무효하다. 지난 20년 동안 정부는 경제구조를 바꾸는 근원적 문제 해결은 하지 않고 임시방편에 불과한 정책으로 문제들을 무마하려 했다. 현재 한국은 경제구조 개혁을 통해 사회 불평등 극복과 경제성장을 동시에 달성해야 하는 상태에 놓여 있다.

뒤틀린 구조를 바꾸는 개혁을 해야만 저성장에서 벗어나 진정한 혁신 경제와 포용 성장으로 나아갈 수 있다. 또한 경제의 유연성이 생겨서 디지털 전환이나 기후변화 문제의 충격도 흡수할 수 있다. 근원적 개혁이 성공적으로 이

뤄지려면 그에 따르는 여러 가지 보완 정책도 함께 활용해
야 한다. 그렇게 된다면 불평등 문제도 해소하고 나아가 경
제성장도 이룰 수 있을 것이다.

# 혁신형
# 경제 환경에서
# 통하는 경쟁력

## 한국 경제, 왜 위기라고 말하는가

한국 경제에 혁신이 필요한 이유는 정부 주도-재벌 중심 발전 전략이 한계에 달했기 때문이다. 그리고 이 체제에서 양극화 등 여러 사회문제가 심화되고 있기 때문이다.

시대가 달라졌다. 이제는 정부가 나서서 특정 기업을 국가대표 선수처럼 키우는 정책이 통하는 시대도 아닐 뿐더러 그런 경영 환경도 아니다. 우리보다는 덜했지만 서유럽 국가와 일본도 국가대표 기업을 키우기 위해 정부가 각종 지원과 혜택을 주었다. 그 결과는 어떠했나? 1990년대에 들어오면서 미국과의 경제성장 격차를 줄이지 못했고, 그 후로는 오히려 격차가 더 벌어지고 있다.

서유럽에서는 '왜 제2차 세계대전 이후 최소 30년간 잘 작동하던 발전 전략이 더 이상 성공하지 못하는 것일까?' 하는 반성과 함께 의문이 제기됐다. 그에 대한 해답으로 슘페터주의 성장이론이 등장했고 수많은 실증적 연구들이 이어졌다. 그 결과 1990년대 이후 경제발전은 혁신 성장, 이른바 창조적 파괴에 의한 근본적 혁신 성장을 통해 이루어졌음을 알게 되었다. 그런 이유로 더 이상 정부의 지원과 반경쟁적인 상황을 용인하는 정책은 작동하지 않는다는 결론이 나왔다.

한국의 박정희 개발 체제도 이런 문제를 피해가지 못했다. 개발도상기에는 성공을 거두었지만, 선진국형 경제로 바뀌면서 모방에 의한 성장이 한계에 부딪혔다. 결국 우리나라도 혁신형 성장 체제로 이행해야 하는 것이다. 그런데 서유럽이나 일본이 앞서 경험한 것처럼 혁신형 성장 체제로 이행하는 데는 여러 어려움이 따른다. 문제는 그 어려움이 우리나라의 경우 훨씬 더 크다는 점이다.

2010년대 이후 펼쳐지고 있는 한국 경제의 여러 상황들 중 가장 주목할 것은 제조업의 넛 크래커 현상이 심화되고 있다는 점이다. 앞서 언급했듯이 하이엔드 시장에서는 우리가 따라가야 할 선진국에 밀리고, 로엔드 시장에서는 가격경쟁력이 있는 중국 기업의 저품질 생산군에 밀리고 있다. 우리나라의 제조업은 고도화와 혁신 측면에서 모두 뒤처지고 있는 것이다.

이와 같은 제조업의 근본적 위기에 코로나19 대유행이 겹치며 이후 세 가지 문제가 추가되었다. 첫 번째는 디지털 전환의 시대로 가기 위해 우리의 경제 사회 구조가 충분히 유연한가 하는 문제다. 두 번째는 굴뚝 산업이라 불리는 제조업이 직면한 문제다. 우리나라는 환경 문제에 가장 취약한 산업 중심의 제조업 구조를 갖고 있다. 그래서 이런 구조를 얼마나 빨리 바꿀 수 있느냐 하는 점과 그 과정에서 우리 경제가 받을 충격을 얼마나 완화시킬 수 있느냐가 관건이다. 세 번째는 플랫폼 노동자 시대가 도래하면서 생기는 문제들이다. 이를 극복할 구체적인 방안을 모색하지 않은 채 디지털 대전환의 시대를 맞았다는 것이 한국 경제가 처한 위기와 불안을 한층 더 가중시키고 있다.

## 한국형 혁신 기업, 무엇이 문제인가

한국 제조업의 위기, 즉 혁신형 경제로의 이행이 지체되는 근본적인 문제점은 앞서 충분히 논의되었다. 그렇다면 우리나라에 혁신 기업은 없는 것인가?

그렇지 않다. 한국에도 혁신 기업은 꽤 많다. 우선 네이버와 카카오 그리고 수많은 인터넷 게임회사를 떠올릴 수 있다. 화장품 기업과 바이오 기업도 이에 해당한다. 최근에는 유통계의 혁신을 몰고 온 쿠팡이나 마켓컬리, 배달의민족도 있다. 이처럼 한국은 아시아에서 중국과 인도 다음으로 혁신적인 유니콘 기업을 많이 보유한 나라다. 경제 규모에 비하면 유니콘 기업이 다른 나라에 비해 적지 않으며 특히 서유럽 국가와 비교해보면 꽤 많은 편이다.

유니콘 기업이란 흔히 기업 가치가 1조 원이 넘는 비상장 기업을 말한다. 중소벤처기업부에 따르면, 2021년 말 기준으로 우리나라 유니콘 기업은 18곳이다. 이미 상장했거나 M&A를 통해 유니콘 기업에서 벗어난 기업을 포함하면 27개사다. 참고로 국내 유니콘 기업 18개사는 국제 비교 시 주로 인용되는 '씨비인사이트CB Insights' 등재 11개사와 중기부가 투자업계와 국내외 언론 등을 통해 추가 파악한 7개사를 모두 포함한 것이다.

다음의 표를 보면 유니콘 기업의 분야를 알 수 있다. 모

| 기업명 | 분야 | CB Insights | 현재 유니콘 기업 | 비고 |
|---|---|---|---|---|
| 엘로모바일 | 모바일 | O | O | - |
| 엘앤피코스메틱 | 화장품 | O | O | - |
| 두나무 | 핀테크 | O | O | '21년 신규 |
| 비바리퍼블리카 | 핀테크 | O | O | - |
| 야놀자 | O2O서비스 | O | O | - |
| 위메프 | 전자상거래 | O | O | - |
| 지피클럽 | 화장품 | O | O | - |
| 무신사 | 전자상거래 | O | O | - |
| 에이프로젠 | 바이오 | O | O | - |
| 쏘카 | 카셰어링 | O | O | - |
| 컬리 | 온라인 신선식품 배송 | O | O | '21년 신규 |
| A사 (기업명 비공개) | 도·소매업 | X | O | - |
| 티몬 | 소셜커머스 | X | O | - |
| 직방 | 부동산중개 | X | O | '21년 신규 |
| 당근마켓 | 전자상거래 | X | O | '21년 신규 |
| 버킷플레이스 | 전자상거래 | X | O | '21년 신규 |
| 빗썸코리아 | 핀테크 | X | O | '21년 신규 |
| 리디 | 콘텐츠플랫폼 | X | O | '21년 신규 |
| 우아한 형제들 | O2O서비스 | △ | X | M&A |
| CJ게임즈 | 게임 | △ | X | M&A |
| 쿠팡 | 전자상거래 | △ | X | IPO(미국, NYSE) |
| 크래프톤 | 게임 | △ | X | IPO(코스피) |
| 하이브 | 엔터테인먼트 | X | X | IPO(코스피) |
| 카카오게임즈 | 게임 | X | X | IPO(코스피) |
| 더블유게임즈 | 게임 | X | X | IPO(코스피) |
| 펄어비스 | 게임 | X | X | IPO(코스피) |
| 잇츠한불 | 화장품 | X | X | IPO(코스피) |
| 27개 | | 11개 | 18개 | - |

**국내 기업 가치 1조 원 돌파 이력 기업 및 유니콘 기업 현황[49]**

바일, 화장품, 게임, 핀테크, O2O, 전자상거래, 바이오, 부동산중개, 도소매업, 게임 등이다. 이들 기업의 공통점은 무엇일까? 이 많은 유니콘 기업들은 주로 B2C<sup>Business to</sup> <sup>Consumer</sup>를 지향한다. 일반인들이 소비자가 되는 시장에서는 혁신이 굉장히 많이 일어나고 있다고 볼 수 있다.

그런데 '2020년 벤처기업정밀실태조사'에 따르면, 우리나라 벤처 중에서 B2C가 전체 벤처 기업 매출의 4.3퍼센트밖에 차지하지 않는다. 이에 반해 기업을 대상으로 하는 중간재 사업인 B2B의 매출은 75.4퍼센트에 이른다. B2B의 매출이 B2C 대비 거의 20배나 높다.

이렇게 시장 규모에서 큰 차이가 나는데도 유니콘 기업은 B2C에서만 나오고 있다. 정리하자면 이렇다. 우리나라 기업에서 혁신이 일어나고 있는 것은 맞다. 하지만 우리 경제에서 가장 큰 비중을 차지하는 제조업 중간재 산업인 B2B에서는 혁신이 일어나고 있지 않다고 볼 수 있다.

바로 이것이 가장 큰 문제다. 한국 경제에서 제조업이 차지하는 비중은 GDP의 26퍼센트에 해당할 정도로 매우 높다. 얼마 전까지는 30퍼센트에 육박했다. 이렇게 큰 비중을 차지하는 제조업 중간재 산업에서 혁신이 일어나지 않는다는 것은 위기가 아닐 수 없다.

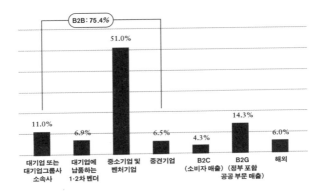

**벤처기업 매출 구조**[50]


    미국의 경우 제조업이 GDP에서 차지하는 비중은 11퍼센트도 안 된다. 하지만 미국에서 유니콘 기업의 절반 가량이 B2B에서 나오고 있다.[50] 반면 우리나라는 제조업 중간재 시장의 규모가 압도적으로 크지만 그 시장에서는 유니콘 기업이 거의 나오지 않는 실정이다.


## 사라진 혁신의 기회

왜 B2B에서는 혁신이 일어나고 있지 않는 것일까? 물론 우리나라에서도 경제 혁신을 위해 유니콘 기업과 벤처캐피털을 키워야 한다고 주장하는 이들이 많다. 그래서 지주회사들에 벤처캐피털인 CVC^Corporate Venture Capital를 전면적으로 허용하기 위한 공정거래법 개정이 이루어지기도 했다.

그런데 여기에 또 한 가지 문제가 있다. 벤처캐피털은 B2B나 B2C를 가리지 않고 투자를 한다. 유동성이 넘쳐나는 시대에 돈이 되는 곳이라면 어디든 투자를 하고 있다. 즉 중간재 산업에서 유니콘 기업이 등장하지 않는 것은 금융의 문제가 아니라는 것이다.

그렇다면 무엇이 문제일까? 앞서 슘페터주의 성장이론에서 살펴봤듯이 기업의 진입과 퇴출의 장벽이 얼마나 높으냐에 따라서 B2B 분야에서 혁신이 일어나느냐 일어나지 않느냐가 결정된다. 그리고 혁신적 경제 체제를 구축하기 위해서는 세 가지 요소가 갖추어져야 한다. 첫째 요소는 '기회'다. 기업의 진입과 퇴출의 장벽이 없어야 혁신이 원활하게 이루어질 수 있다. 둘째 요소는 '유인'이다. 충분히 보상을 받을 수 있어야 혁신을 해야 할 유인이 생긴다. 셋째 요소는 '금융'인데 벤처캐피털은 큰 제약 요소가 아니다.

유럽의 경우 혁신을 이야기할 때는 '기회'의 문제에 초점을 맞춘다. 기업의 진입과 퇴출의 장벽 때문에 혁신이 원활하게 일어나지 못한다고 보는 것이다. 반면 유인은 중요하게 생각하지 않는다. 이미 일정한 유인이 있기 때문이다. 반면 우리나라는 기회와 유인 두 가지 측면 모두 문제가 있다. B2B에 혁신이 일어나지 않는 것은 B2B에서 기회도 없고 유인도 없음을 의미한다. 그 이유는 한국의 재벌 체제에서 찾을 수 있다.

## 불확실성 시대의 진정한 경쟁력

한국은 여전히 정부 주도의 모방형 성장 전략에서 벗어나지 못하는 상황이다. 지금도 정부가 R&D 정책이라는 명목으로 승자를 선택해서 발굴 육성하는 중이다. 이는 모방형 경제에서는 성공을 가져왔지만, 혁신형 경제 환경에서는 효력을 발휘하기 힘들다. 왜냐하면 혁신 경제의 가장 중요한 특징이 '불확실성'이기 때문이다. 누가, 무엇이, 어떻게 성공할지 정확히 알 수 없다.

1985년에 나온 영화 〈빽 투 더 퓨쳐〉를 보자. 당시 주인공은 30년 전 과거로 돌아갔다가 다시 현재인 1985년으로 되돌아온다. 2편이 개봉된 것은 1989년인데, 전반부 스토리는 30년 후의 미래로 갔다가 되돌아오는 것이다. 1985년의 30년 후 미래는 2015년이다.

흥미로운 것은 〈빽 투 더 퓨쳐 2〉의 배경인 1980년대 후반부에서 상상한 2015년의 모습이다. 그중 깊은 인상을 남겼던 것은 하늘을 나는 플라잉 카, 핵융합 기술로 쓰레기를 가정용 전력으로 바꾸는 미스터 퓨전, 주인공이 타고 다니던 공중부양식 보드 등이다. 이런 기술이나 제품들은 그 당시 예상과 달리 현실화되기 쉽지 않은 것들이다. 반면 자동으로 신발 끈이 매지는 신발이나 주유소에서 일하는 로봇 등은 기술이 개발되었지만 경제성이 없는 아이디어라 상용화되기 어려웠던 것들이다.

한편 영화에서 2015년에는 팩스가 우편 서비스를 대신할 것이라고 예상했으나 디지털 시대가 도래함에 따라 팩스 자체가 거의 사라진 실정이다.

영화에서 예측한 미래 기술 대부분이 실현되지 않았던 것과 대조적으로, 오늘날은 영화에서는 전혀 상상하지 못했던 기술들이 대세를 이루고 있다. 우리 일상을 바꾼 가장 중요한 혁신인 인터넷이나 스마트폰을 1980년대 후반에 예측한 사람은 아마 거의 없었을 것이다. 또한 대중의 관심을 집중시키며 미래 기술의 총아로 불쑥 등장한 드론 역시 당시에는 상상하지 못한 것이다.

기술진보의 불확실성과 경제적·사회적 제약을 모두 고려해 20~30년 후의 사회에서 상용화될 기술을 예상하는 것은 거의 불가능하다. 모방과 추격형 경제에서 혁신형 경제로 이행해야 하는 우리 입장에서는 혁신의 불확실성에 대한 명확한 이해가 필요하다. 이런 불확실성하에서는 정부가 주도적으로 무엇이 성공할지 누가 성공할지를 선택할 수 없다. 과거 개발도상기의 정부 주도 경제 정책에 익숙한 정부와 관료들이 혁신형 경제에서 바람직한 역할을 수행하기 위해서는 사고의 코페르니쿠스적 대전환이 필요하다.

## 기술을 위한 기술 개발 육성의 딜레마

미래를 예측할 때 경제성을 배제하고 기술성만을 강조하면 대부분 실패한다. 앞서 언급한 영화 〈빽 투 더 퓨처 2〉는 당시 미래학자들의 컨설팅을 받아 가장 그럴듯한 미래상을 그렸다. 그런데 10년 후 일어나게 될 디지털 혁명은 전혀 예측하지 못한 것이다. 이것이 바로 불확실성이다.

정부가 발굴한다고 나서면 100퍼센트 실패한다. 이런 의견에 대해 "정부가 운 좋게 예측을 잘해 성공할 수 있는 거 아닌가요?"라고 반문할 수도 있다. 그런데도 100퍼센트라고 말하는 이유가 있다. 정부 관료는 기본적으로 책임지는 것을 회피하는 성향이 강하다. 책임질 일은 애초에 하지 않으려 한다.

중소기업이나 벤처기업은 케인스의 '야성적 충동Animal Spirit'에 입각해서 기술의 시장성을 주장할 수 있다. 케인스의 주장처럼 경제가 인간의 합리적 이성 판단에 의해서만 돌아가는 건 아니다. 야수적 본성도 경제를 움직이는 하나의 요인이 될 수 있다는 말이다. 하지만 관료들은 이들의 말이 듣기에는 그럴듯하지만 막상 지원을 해주자니 실패할 것이 걱정된다. 게다가 그들이 실패하면 황당한 소리를 듣고 지원했다는 책임 추궁을 받을 수 있기에 담당자는 확실하고 객관적인 증거를 가져오라고 주문한다.

이때 '세계 최초' 혹은 '최고의 기술'임을 증명하는 자료를 가져가면 지원을 해준다. 이런 이유로 세계 최고, 최초의 기술 중에도 시장성 없는 기술이 넘쳐나고 있다. 2015년 기준 정부의 재정 지원을 받은 공공 기관의 특허 70퍼센트 이상이

10년간 사용된 적 없는 '장롱 특허'라고 한다.[51]

이처럼 정부의 발굴 육성 정책은 특허를 위한 특허, 시장성 없는 기술, 기술을 위한 기술로 유인하고 대부분 실패할 수밖에 없다. 우리는 그 실패를 지난 20년 동안 반복해왔다. 그런데도 발굴 육성과 혁신 경제를 이야기하고 있으니 안타까울 따름이다. 이제부터라도 정부 정책의 대전환이 필요하다.

# 탄소중립과 산업전환은
# 피할 수 없는 과제

## 탄소생산성과 산업 구조

앞서 제2부에서 한국 경제 위기의 원인으로 제조업 위기와 탄소중립 문제를 다뤘다. 제3부에서는 제조업 위기 극복을 위해서 공정 경제, 혁신 경제, 포용 경제로 이행해야 한다는 점을 먼저 강조했다. 이제는 탄소중립을 이행하기 위해서도 산업전환이 필요불가결하다는 것을 함께 살펴보기로 하자.

OECD가 제공하는 녹색성장지표 중 하나는 탄소생산성(GDP / 에너지 관련 탄소 배출량)이다. 탄소생산성은 탄소 배출 1킬로그램당 달러로 환산한 부가가치 생산 수준을 나타낸다. 따라서 탄소생산성이 높다는 것은 적은 탄소를 배출하고도 동일한 부가가치를 생산할 수 있다는 뜻이다.

그런데 탄소생산성으로 평가한 한국의 기후변화에 대한 대응력은 OECD 평균에 비해 매우 떨어진다. 아래 도표는 한국과 주요 국가의 탄소생산성의 시계열 자료인데, 2019년 기준으로 EU와 OECD의 평균은 각각 7.02와 5.17이다. 반면 한국의 탄소생산성은 3.68 수준에 불과하다. 즉, 동일한 부가가치 생산을 위해 한국은 EU보다 거의 두 배의 탄소를 배출하고 있다는 말이다.

그런데 한국의 탄소생산성이 낮은 것은 새삼스러운 일

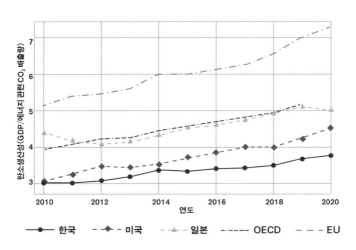

**탄소생산성**[53]

이 아니다. 이것은 제조업 그것도 중화학공업 비중이 높은 한국의 산업 구조를 현실 그대로 반영하고 있다. 2020년 기준으로 GDP에서 제조업이 차지하는 비중은 한국이 26.1퍼센트인 반면, 일본은 19.5퍼센트, EU는 14.0퍼센트, 미국은 10.6퍼센트에 불과하다.

산업 부문을 업종별로 다시 살펴보면, 철강, 석유화학, 시멘트, 정유, 디스플레이, 반도체 등 여섯 개 업종이 전체 산업의 탄소 배출량의 79퍼센트를 차지하고 있다. 다음 페이지의 도표에 나와 있듯 철강산업이 약 40퍼센트, 석유화학과 정유산업이 22퍼센트, 시멘트가 15퍼센트, 반도체와 디스플레이를 포함하는 전기·전자가 8퍼센트, 자동차와 조선을 모두 포함하는 기계 산업이 1.2퍼센트 수준이다. 대표적인 수출 산업들이 모두 탄소 배출량이 높은 것을 알 수 있다.

한전의 전기 판매량 중 53퍼센트는 산업용인데, 반도체 같은 전자·통신 분야가 전체의 11퍼센트를 차지하고 있는 실정이다. 이외에도 화학 분야가 7.7퍼센트, 철강 같은 금속 분야가 6.6퍼센트, 자동차 분야도 3.4퍼센트를 차지하고 있다.[53]

따라서 직접배출과 공정 과정에서의 배출에 더해 전기 사용에 의한 간접배출을 고려하면 수치는 조금씩 달라진다. 철강 분야가 31.9퍼센트, 시멘트 분야가 9.9퍼센트 정도로 낮아지는 대신 디스플레이, 반도체, 전기·전자 분야가

| 부문 | 직접+공정배출 | | 간접배출 포함 | |
|---|---|---|---|---|
| | 배출량 | 비중 | 배출량 | 비중 |
| 전환 | 269.6 | 37.0 | 296.6 | 37.0 |
| 산업 | 260.5 | 35.8 | 392.9 | 54.0 |
| 건물 | 52.1 | 7.2 | 179.2 | 24.6 |
| 수송 | 98.1 | 13.5 | 99.6 | 13.7 |
| 폐기물 | 17.1 | 2.3 | 17.1 | 2.3 |
| 농축수산 | 24.7 | 3.4 | 33.2 | 4.6 |
| 기타(탈루,산림) | 5.6 | 0.8 | 5.6 | 0.8 |
| 총배출량 | 727.6 | 100.0 | | |

| 구분 | 직접+공정배출 | 간접배출 | 총배출 |
|---|---|---|---|
| 철강 | 40.6 | 13.6 | 31.9 |
| 석유화학 | 15.8 | 17.5 | 16.4 |
| 시멘트 | 13.7 | 1.8 | 9.9 |
| 정유 | 6.0 | 4.9 | 5.6 |
| 디스플레이 | 1.2 | 7.3 | 3.2 |
| 반도체 | 1.3 | 9.6 | 3.9 |
| 자동차, 조선, 기계 | 1.2 | 18.8 | 6.9 |
| 전기전자 | 5.1 | 3.6 | 4.6 |
| 기타 | 15.1 | 22.9 | 17.6 |
| 산업 부문 합계 | 100.0 | 100.0 | 100.0 |

주: 2018년 기준

**업종별 탄소 배출량**[55]

11.7퍼센트, 자동차, 조선, 기계 산업이 6.9퍼센트로 높아진다. 이는 중소기업 비중이 높은 전기·전자, 기계 부문에서 전력 사용량이 많기 때문이다.

## 탄소생산성과 경제성장

탄소생산성이 국내총생산을 탄소 배출량으로 나눈 것으로 정의되기 때문에, 간단한 미분을 적용하면 '경제성장률=탄소생산성 증가율 – 탄소감축률'이라는 공식을 도출할 수 있다.[55]

제2부에서 소개했듯이 우리나라가 2050년까지 탄소중립을 달성하려면 연평균 4.17퍼센트로 탄소 배출량이 감소해야 한다. 만약에 이 기간 동안 우리나라의 연평균 성장률을 3퍼센트로 유지하고자 한다면, 탄소생산성이 연평균 7.17퍼센트로 증가해야만 한다. 그래야 탄소중립과 경제성장률 3퍼센트를 동시에 달성할 수 있다. 이것은 단순한 수학의 결과다.

OECD 탄소생산성 자료에 따르면, 2018~2020년 기간 동안 한국의 탄소생산성은 평균 3.76퍼센트 성장했다. 미국은 6.39퍼센트 그리고 EU는 5.39퍼센트 각각 성장했다.

만약에 향후 한국이 탄소생산성 연 3.76퍼센트 성장률을 유지하면서 탄소중립성을 달성한다면, 한국의 성장률은 −0.41로 추락한다. 이와 달리 최근 미국처럼 탄소생산성을 증가시킬 수 있다면, 경제성장률은 연 2.22퍼센트가 될 수 있다. 그렇다면 현재의 산업 구조하에서 공정혁신을 통해 어느 정도까지 탄소생산성을 향상시킬 수 있을까?

## 그린수소와 수소환원제철

현 탄소중립 이행 안에 맞춰 산업 부문에서 목표 달성을 하려면, 수소환원제철 등 무탄소공정의 100퍼센트 달성과 함께 화석 연·원료를 재생 연·원료로 전환할 필요가 있다. 또한 2030년까지 에너지 효율 솔루션 도입 및 고효율 기기를 도입하고 전기화를 우선적으로 추진해야 한다. 그러나 수소환원제철과 같은 혁신공정의 개발과 적용은 2040년 이후에 본격화될 것으로 기대하고 있다. 이들 기술은 아직 개발 단계에 있기 때문에 사실상 실현 가능성이 높지 않은 것으로 평가된다.[56]

그러나 수소환원제철로 전면 철강생산이 가능하다고 하더라도, 그 수소가 석탄이나 천연가스로 생산되는 브라

운수소나 그레이수소라면 탄소중립을 달성할 수 없다. 수소환원제철이 의미를 가지려면 철강 산업에 쓰일 수소가 오직 원자력이나 재생에너지같이 무탄소 전원으로 수전해 분해된 그린수소여야 한다.

그런데 탄소중립 실행 안에서는 수소의 80퍼센트 이상을 해외에서 수입한다고 가정하고 있다. 수소환원제철 기술도 가능해지고 그린수소의 80퍼센트를 해외에서 수입할 수 있다는 최선의 경우를 가정하더라도, 문제는 여전히 존재한다. 그린수소를 충분히 생산하는 국가에 비해 수소환원제철소를 국내에 입지할 비교우위가 있을지 의문이다. 부생수소를 운반하는 비용까지 고려한다면, 그린수소를 충분히 생산하는 국가에 제철소를 짓는 것이 훨씬 경쟁력이 있다. 따라서 최상의 시나리오를 가정하더라도 한국 제철업의 미래는 매우 어둡다.

이뿐만이 아니다. 정유 산업 자체도 화석 연·원료를 재생 연·원료 전환한다면 규모가 급속히 감소할 수밖에 없다. 석유화학 산업도 지속가능하지 않을 수 있다. 재생에너지 중 기저발전이 가능한 수력자원이 부족한 우리나라는 변동성 발전원인 태양광과 풍력에 의존해야 한다. 두 분야

모두 해외 사례에 비해 발전 환경이 부족한데, 풍력의 경우 더 좋지 않다. 따라서 재생에너지의 증가는 대부분 태양광에 의존하리라 예상되는데, 태양광만으로 재생에너지 목표치를 달성할 수 있을지도 의문이다.[57]

## 글로벌 기업들이 추진 중인 RE100 캠페인

RE100은 2050년까지 재생에너지 100퍼센트 사용을 달성하자는 글로벌 기업들의 자발적인 캠페인이다. 구글, 애플, 나이키 등을 비롯해 수백 개의 글로벌 기업이 이미 RE100을 선언했다. 그러나 현실을 들여다보면 자발적인 참여가 아님을 알 수 있다. 구글, 애플, BMW 등 글로벌 기업들이 자신들과 거래하는 기업들에게 RE100 충족을 요구하고 있는 것이다.

한국에서도 SK하이닉스, LG에너지솔루션, 현대자동차 등이 동참을 선언했고, 삼성전자도 참여를 준비 중이다. 그러나 현실은 만만치 않다. 삼성전자가 2022년 6월 30일 공시한 「2022 지속가능 경영 보고서」를 보면, 2021년에 삼성전자가 전 세계 사업장에서 사용한 전력은 약 3만 기가와트이고, 이 중 17퍼센트를 재생에너지로 사용했다.

그런데 삼성전자는 미국, 유럽, 중국 사업장에서는 2020년부터 모든 전력을 재생에너지로 충당하고 있다. 2021년에는 브라질과 멕시코 사업장의 재생에너지 사용률도 전년 대비 각각 94퍼센트, 71퍼센트 증가했다. 그러면 국내에서의 재생에너지 사용은 어떨까? 삼성전자가 국내에서 확보했다고 밝힌 재생에너지 규모는 500기가와트 수준에 그쳤는데, 2021년 국내 삼성전자 전력사용량(1만 8410기가와트)의 2.7퍼센트 수준이다. 삼성전자는 2050년까지 사용 전력의 100퍼센트를 재생에너지로 충당하는 'RE100' 가입을 추진하고 있지만, 국내 사업장의 낮은 재생에너지 전환율이 걸림돌로 지적되고 있다.[58]

한국에서 RE100이 적용되는 기업들의 사용 전력량은 전체 전력의 37퍼센트로 추정된다.[59] NDC에 따르면 2030년까지 국내에서 생산되는 재생에너지 비중을 30.2퍼센트까지 올린다는 계획이었다. 그러나 윤석열 정부는 재생에너지 비중을 20~25퍼센트로 낮추고 원자력 비중을 높이려고 하고 있다. 이런 상황에서 과연 기업들이 RE100을 달성할 수 있을지 의문이다.

KDI 국제정책대학원과 에너지경제연구원의 「Impacts of

the RE100 Initiative on Major Korean Export Industries (RE100이 한국의 주요 수출 산업에 미치는 영향)」이라는 2021년 영문 보고서를 살펴보자. 이 보고서에 따르면 한국 기업들이 RE100에 참여하지 않는 경우 주요 수출 업종인 자동차, 반도체, 디스플레이 패널 산업의 수출액이 각각 15퍼센트, 31퍼센트, 40퍼센트 감소하는 것으로 추정된다. 그리고 RE100에 참여하는 경우에는 세 업종의 수출액이 각각 8퍼센트, 9퍼센트, 22퍼센트 감소하는 것으로 추정된다.

만일 국내에서 RE100을 달성하지 못하게 되면, 수출이 감소되는 문제 외에도 국내 기업들이 공장을 해외로 이전하거나 국내 제조업이 공동화되기 시작할 가능성이 높다.

## 탄소국경세가 수출에 미치는 영향

탄소중립과 관련해 한국 경제가 당장에 맞닥뜨릴 문제는 탄소국경세다. 2022년 6월 22일에 EU 의회는 EU의 배출권거래제(EU's Emissions Trading System) 개정안 및 탄소국경조정제도(Carbon Border Adjustment Mechanism, 이하 CBAM) 법안을 최종 승인 및 확정했다.

CBAM은 탄소 배출량 감축 규제가 강한 국가에서 상대적으로 규제가 약한 국가로 탄소 배출이 이전되는 상황을 탄소 누출Carbon Leakage이라고 정의했다. 그리고 이와 같은 탄소 누출 문제를 해결하기 위해 환경규제가 느슨한 역외국 제품이 EU 역내로 수입되는 경우, 수입자에게 검증된 탄소 배출량에 해당하는 CBAM 인증서를 구매해 제출하도록 하는 제도로서 흔히 '탄소국경세'라고 불린다.

다시 말하자면 CBAM은 유럽연합으로 수입되는 상품에 포함된 온실가스에 세금을 매기는 제도다. EU 국가에 수출하는 제품에 대해서는 최종재 생산의 이전 단계인 상류기업(원자재 및 중간재를 취급하는 공정)에서 발생한 탄소와 생산 중 냉난방에 의한 간접적인 온실가스 배출까지 해당 재화의 탄소 배출량으로 계산한다. EU는 CBAM의 도입 시기를 1년 앞당겨 탄소국경세를 2025년 1월 1일부터 적용하려 하고 있다.

국내 많은 연구들은 탄소국경세가 도입될 경우 철강 등의 EU 수출이 사실상 불가능해질 것이라고 예상한다.[60] 예를 들어, 유럽연합에서 탄소 거래 가격이 1톤당 100달러면 철강회사는 수출 가격의 13퍼센트를 지불해야 한다. 철강의 영업이익률이 수출 가격의 8퍼센트 안팎이니 유럽연합 수출은 불가능해진다.

한국은행이 2021년 7월에 발표한 자료에 따르면,[61] EU가 탄소국경세를 부과할 경우 한국 수출은 연간 0.5퍼센트(약 32억 달러) 줄어들 것으로 분석된다. 미국이 같은 수준의 탄소국경세를 부과한다면 한국의 수출은 약 0.6퍼센트(약 39억 달러)가 줄어듦으로써 전체 수출 감소율은 1.1퍼센트에 이를 것으로 추정된다.

## 한국판 '디지털 뉴딜'의 문제점

2020년에 정부는 한국판 뉴딜을 발표했다. 침체된 경제 상황을 극복하기 위한 국가 프로젝트로, 2025년까지 디지털 뉴딜, 그린 뉴딜, 안전망 강화 등 세 가지를 축으로 분야별 투자 및 일자리 창출을 공언한 것이다. 디지털 전환, 친환경, 플랫폼 확대로 관련 분야 노동자와 자영업자가 사라지면서 생기는 양극화 문제 등을 해결하기 위한 조치다.

그런데 한국판 뉴딜의 내용을 자세히 들여다보면 디지털 뉴딜은 거의 일자리 관련 정책이다. 데이터 관련 산업의 일자리를 늘린다는 것에 불과하다. 한국판 뉴딜에서 해법으로 나온 내용들이 종전의 것들을 재포장하는 수준에 불과하다는 것을 확인할 수 있다.

그린뉴딜 역시 2008년 저탄소 녹색성장 전략과 유사도가 매우 높다. 그린뉴딜 2.0에는 '탄소중립 추진 기반 구축'이라는 정책 방향이 추가되었지만, 각 산업별 감축목표 이외에는 이를 달성할 구체적인 수단이 제시되지 못한 상황이다.[62]

우리나라는 제조업의 구조적 위기를 맞았고, 탄소중립 전환 및 디지털 전환이라는 새로운 도전에 대해서도 사실상 거의 준비가 되어 있지 않다. 설상가상 새로운 환경에서 심화되는 양극화 문제, 플랫폼 노동자 대책 등 엄청난 재원이 들어갈 수 있는 부분에 대한 대책도 없다. 전 국민 고용보험을 단계적으로 도입한다고 했지만 언제 어떻게 도입할 것인지, 이를 위한 재원은 어떻게 충당할 것인지에 대해서도 구체적인 대안이 제대로 마련되어 있지 않다.

윤석열 정부는 재생에너지 비율을 낮추는 등 탄소중립과 RE100에서 오히려 더 멀어질 수 있는 정책을 채택하면서도 여전히 구체적인 실행방안은 제시하지 않고 있다.

## 산업전환 없이 탄소중립 이행은 불가능

2021년 10월 4일, 전국경제인연합회(전경련)는 모노리서치에 의뢰해 온실가스·에너지목표관리제 대상 업체 350곳을 설문조사한 결과를 발표했다. 그 내용을 살펴보면 탄소중립 대응계획 수립을 완료했다고 응답한 기업은 3.2퍼센트에 불과했다. 대응계획을 수립 중이라는 응답이 67.4퍼센트였고, 아직 대응하지 못하고 있다는 응답이 29.4퍼센트였다.[63]

'국제전력 리뷰 2022 Global Electricity Review 2022'는 2021년에 풍력과 태양열 발전이 전 세계 전력 공급의 10퍼센트를 넘었고(10.3퍼센트), 풍력과 태양열 발전이 전력 공급의 10퍼센트를 넘은 국가가 50개라고 소개하고 있다. 이 중 중국(11.2퍼센트), 일본(10.2퍼센트), 몽골(10.6퍼센트), 베트남(10.7퍼센트), 아르헨티나(10.4퍼센트), 헝가리(11.1퍼센트) 등 7개국이 처음으로 10퍼센트를 넘었다고 한다.

한국의 경우 2021년 풍력발전량 비중 0.55퍼센트와 태양광발전 비중 4.12퍼센트를 합친 4.67퍼센트에 그쳤다. 재생에너지 비중을 보면 우리나라는 개도국 수준에 머물러 있는 실정이다.

탄소중립 달성에 실패하면 어떻게 될까? 결국 세금이나 관세를 통해 불이익을 받을 가능성이 크다. 탄소가격제 Carbon Pricing는 오염자 부담 원칙에 따라 탄소 배출에 가격을 매겨 배출량 감축을 유도하는 정책 수단으로 탄소세, 배출권거래제 등이 대표적이다. 2050년까지 목표 달성을 못한다면 탄소가격제가 더 엄격하게 적용될 수 있다. 탄소중립의 달성 없이는 RE100을 충족하는 것도 어려울 수 있다.

따라서 재생에너지와 원전 비율을 어떻게 설정해서 탄소중립으로 이행할 것인가에 대한 면밀한 계획이 필요한 시점이다. 이런 계획 수립에는 다음 두 가지가 고려되어야 한다.

첫째, 전체 산업 배출량의 약 40퍼센트를 차지하는 철강 산업과 약 22퍼센트를 차지하는 석유화학 산업, 정유 산업은 공정 과정의 혁신이 일어나도 국내에 입지를 유지하기 어렵다. 따라서 특수재 중심으로 산업을 재편함으로써 이들 산업의 배출량을 감소시키는 것이 현실적인 대안이다.

둘째, 'RE100 산업단지' 조성이 핵심적으로 고려되어야 한다. 재생에너지를 산업 부문에 우선적으로 공급하고, 원전 등은 소비자 전력 수요용으로 활용하는 '발상의 전환'이 필요하다. 재생에너지로 제품 생산이 가능한 '에너지 인프라'는 탄소중립 시대에 산업이나 기업의 입지를 결정하는 가장 중요한 요소가 될 것이다.

RE100이 가능한 생산 환경을 국내에 조성하지 못하면 고부가가치 공급망에서 국내 입지 기업들은 제외될 것이다. 그뿐 아니라 국내 대기업들이 생산시설을 국외로 이전할 것이다. 그야말로 산업의 공동화가 급속히 진행될 위험이 있다. 특히 기존 산업이 집중되어 있는 영남 지역은 미국의 '러스트 벨트'처럼 쇠퇴할 수 있다. 이와 반대로 RE100 산업단지를 성공적으로 조성하면 긍정적인 변화들이 파생되어 나타나게 된다. 고부가가치 기업과 산업을 국내에 유치할 수 있으며 새로운 투자와 사업 기회를 만들 수도 있다.

그러나 RE100 산업단지의 조성은 결코 단순한 문제가 아니다. 재생에너지 발전소가 판매하는 인증서REC를 구매하는 방식으로 재생에너지 비율을 높여왔던 기업들이 이제는 발전소와 장기 계약을 맺는 방식으로 전환하는 추세다. 국내에도 PPA 제도가 도입됐지만 2022년 6월 기준 PPA 체결 건수는 두 건에 불과하다. 재생에너지 발전소가 생산한 전력을 공급하기 위해 한전의 송·배전망을 이용해야 하는데, 비싼 망 이용료 때문에 발전소와 기업들이 PPA 체결에 부담을 느끼는 것이다.

따라서 무엇보다 전력계통의 분권화가 필요한데, 전력계통의 분권화는 전력 산업의 재편을 야기할 수 있다. 정부와 국회가 협치해 체계적으로 대응하지 않고서는 RE100 산업단지의 조성은 사실상 불가능하다. 탄소중립과 RE100 산업단지의 조성은 제조업의 재편을 통해서만 이뤄질 수 있으며, 이 과정에서 제조업의 비중이 줄어들고 실업 등 많은 사회문제를 유발할 수 있다. 이른바 정의로운 전환을 위해서는 새로운 산업과 사업 기회의 창출도 필요하다. 이런 맥락에서라도 '아시아 금융허브'를 서울에 유치하는 것은 매우 중요하다.

홍콩은 사실 더 이상 아시아 금융허브 기능을 유지하기 어렵다. 주요 금융기관의 이탈이 본격화되는 상황이며, 이들은 주로 싱가포르로 이전하고 있다. 하지만《뉴욕타임스》와《워싱턴포스트》라는 미국 주요 언론사가 아시아 총국을 홍콩에서 서울로 이전한 사실에 주목할 필요가 있다.

한국의 지정학적 위치와 경제 규모 외에도 K-문화의 확산과 서울이라는 도시의 매력 때문에 금융허브 유치는 매우 실현 가능한 정책적 선택이 되었다. 지난 몇 년 사이에 내가 만난 서구의 언론인, 펀드 투자자, 사업가들은 한결같이 아시아에서 가장 살고 싶어 하는 도시로 서울을 꼽았다.

'민간-정부-입법부-서울시 공동위원회'를 만들어 주택 문제와 일부 법제도의 정비를 해결한다면, 아시아 금융허브 유치는 충분히 가능한 일이다. 금융허브 유치는 금융 산업 및 연관 서비스 산업의 고부가가치화를 유인할 수 있다.

금감원 조사자료에 따르면, 브렉시트 이전 영국에서 금융 서비스업은 경제 전체 부가가치 생산의 약 9퍼센트를 차지했다고 한다. 그리고 법률 등 관련 전문 서비스를 포함해 240만 명을 고용하는 최대 고용 산업으로서 정부 세수의 10퍼센트 부담했다. 우리나라는 이와 사뭇 다르다. 금융위 보고서에 의하면, 국내 금융·보험업은 2019년 기준 GDP의 5.6퍼센트 수준이고 여전히 질적으로도 낮게 평가되고 있다.

금융 산업과 법률, 회계, 컨설팅 같은 연관 산업의 발전은 음식이나 숙박과 같은 서비스 부문의 고부가가치화로도 연결된다. 탄소중립으로 이행하려면 중화학공업 중심인 우리 산업 구조의 전환은 불가피하다. 고부가가치 서비스업의 성장은 정의로운 전환을 위한 공간을 마련해줄 수 있다.

공정한 시장은 재벌의 경제력 집중이 해소되어야만 가능하다. 그렇다면 우리나라에서 재벌의 경제력 집중 해소는 가능한가?

제2차 세계대전 이후의 일본이나 미국의 뉴딜처럼 재벌을 완전히 없애거나 100퍼센트 자회사로 유지한다는 것은 쉽지 않은 일이다. 이스라엘처럼 출자 단계를 줄여서 작은 규모의 기업집단은 허용해주되 경제력 집중을 우려할 만큼 큰 기업집단들은 막는 식의 개혁을 해야 한다. 그래도 여전히 일감 몰아주기, 급여와 인수합병 등을 통한 사익 편취 문제가 생길 수 있다. 하지만 '소수주주 동의제Majority of Minority' 제도를 도입하면 이런 문제들을 막을 수 있다.

## 코로나19 이후 실제로 양극화가 더 심해지고 있는가?

코로나19로 디지털 전환이 가속화되고 플랫폼 산업의 비중이 커지면서 비임금 노동자와 특수 고용 노동자의 비율이 훨씬 늘었고 자영업은 더 취약해졌다. 이런 이유로 양극화는 갈수록 더 심해질 것이다.

향후 디지털 전환이나 탄소중립 이행에 따른 구조조정이 본격적으로 일어날 텐데 그렇게 되면 대기업과 전속계약 관계에 있는 중소기업과 관련 서비스업 종사자는 상당수 일자리를 잃을 것이다. 문제는 이를 해결할 수 있는 제대로 된 대책이

없다는 점이다. 따라서 양극화를 막을 종합적인
대안 마련이 시급한 실정이다.

# 4부

# 한국
# 경제 혁신을
# 위한
# 과
# 제

지금 한국 경제는 혁신이 절실하다. 혁신과 포용적 성장을 위해서뿐만 아니라 탄소중립 이행을 위한 산업전환을 위해서도 가장 먼저 재벌을 중심으로 한 경제구조의 일대 개혁이 있어야 한다. 공정한 경제 체제와 포용적 시장경제 구축을 위해 경제 패러다임 변화가 필요하다. 그렇다면 구체적으로 개혁을 위해 무엇을 해야 할 것인가?

# 한국 경제
# 패러다임의
# 대전환이 필요하다

## 한국 경제의 혁신과 탄소중립을 위한 전제 조건

우리나라는 재벌 대기업 중심의 전속계약 관계가 만들어
낸 각종 폐해 때문에 혁신형 경제로 나아가지 못하고 있다.
여기서 생기는 대기업과 중소기업의 격차, 정규직과 비정
규직의 임금 격차 등이 소득 불평등으로 전이되면서 조기
퇴직과 청년실업, 자영업의 문제와 노인빈곤, 저출산 등 우
리 사회의 수많은 이슈의 근본 원인이 되었다.

이런 이유로 혁신과 포용적 성장을 위해서는 경제 체제
를 바꾸는 구조적 개혁이 절실하다. 우선 재벌 중심의 경제
블록화를 야기하는 전속계약 관계를 끊어내야 한다. 그래
야만 B2B 시장 내에서 공정한 경쟁과 혁신의 기회가 창출

될 수 있다.

인터넷 플랫폼 분야가 B2C에서 혁신을 일으키고 성공하는 것을 보면 우리 민족에겐 분명 혁신 DNA가 존재한다. 그러므로 B2B에서도 B2C에서 이룬 성공이 가능하도록 시도할 필요가 있다. 성공의 대가가 착취되지 않는, 공정한 자유 경쟁 체제가 공고해지면 B2B에서도 혁신이 불길처럼 일어날 것이다.

B2C는 그동안 내수 위주의 유니콘 기업에 치우쳐 있어서 수출이나 해외 진출에는 상당한 한계가 있었다. 이와 달리 B2B는 중간재 중심이므로 언어나 문화적 장벽 없이 수출할 수 있는 분야이고 전 세계적으로 시장 규모도 커질 수 있다. 이처럼 충분한 성장 잠재력이 있기 때문에 제조업 중간재 산업에서 반드시 혁신이 일어나야 한다. 그러기 위해서는 재벌 중심의 경제구조 해소가 급선무다.

이런 혁신과 포용 성장은 탄소중립으로 이행하기 위해서도 필수적이다. 중화학공업 중심의 제조업 구조를 유지한 채 탄소중립으로 이행하는 것은 사실상 불가능하다. 저탄소-친환경 산업 구조로 전환하지 않고는 탄소중립은 달성되기 어렵다. 이런 산업전환을 위해서도 소유지배구조의 경직성을 해소할 수 있는 재벌 개혁이 필요하다.

## 왜 융합형 혁신이 일어나지 않는가

최근 융합형 혁신에 대한 논의가 활발하다. 자동차의 전장 분야가 바로 그 대표적인 예다. 전장 분야는 전통 산업인 자동차와 소프트웨어 및 전기 장치가 통합되어 탄생했다. 문제는 우리나라 산업 전반에서 이런 융합형 혁신이 제대로 일어나고 있지 않다는 점이다. 자동차 산업과 전자 산업이 모두 발달한 나라인데, 전장을 제대로 하는 기업이 없는 것은 무슨 이유 때문일까?

이는 경제 전반에 재벌 대기업 중심의 블록화가 형성되어 있기 때문이다. 자동차 산업의 경우 현대기아차 중심으로 하나의 경제 블록화가 이루어져 있다. 전자 산업도 마찬가지다. 삼성전자와 LG전자를 중심으로 블록이 형성되어 있기 때문에 그 안에서의 경쟁이 없어지는 것은 물론이고, 블록 간의 경쟁도 없다. 상황이 이렇다 보니 업계 간 융합을 기대하기 어렵다.

지금 전 세계적으로 '개방형 혁신Open Innovation'과 탈 수직 계열화가 일어나고 있다. 이런 변화의 흐름에서 벗어나 우리나라는 정반대의 블록화를 고수하고 있다. 이는 슘페터주의 성장과 혁신에서 굉장히 불리한 구조다. 이것이 깨져야 진정한 혁신형 경제로 나아갈 수 있다. 중간재 산업에서 이런 혁신이 일어나면 생산성이 크게 향상되고 임금도 올라가게 된다. 그러면 원청기업과의 교섭력도 상승하므로 임금 격차도 줄일 수 있다.

일본, 독일, 미국에서는 중소기업이 대기업 임금의 80퍼센트 수준을 받는다. 구조적으로 혁신이 일어나 교섭력이 생기고 상생할 수밖에 없는 경제 체제가 형성되었기 때문이다. 대기업이 중소기업을 상대로 착취가 아닌 상생을 선택할 수밖에 없는 상황이 마련되면 중소기업의 성장이 고도화되고 임금이 높아져 대기업과의 격차도 줄어들 수밖에 없다.

그렇게 되면 가격경쟁력이 아닌 살아남기 위한 기술 경쟁력을 가질 수 있다. 기업 입장에서는 인적자원이 중요해지기 때문에 경험이 많고 생산성이 높은 사람들의 가치를 더욱 중요시 여기게 된다. 당연히 조기퇴직자가 줄어들고 사회구조적 문제도 완화될 수 있다. 물론 이럴 경우에는 임금 체계를 성과급 중심으로 가져갈 필요가 있다.

인적자원이 중요해지고 성과급 중심으로 가게 되면 자연스럽게 근속 기간은 더 길어져야 한다. 중소기업과 대기업의 임금 격차가 줄어들어 중소기업 직원이 대기업 직원 대비 80퍼센트 정도의 임금을 받게 되면, 중소기업에서 장기 근속하는 근로자가 많아지게 된다. 또한 그만큼 연금 액도 높아지므로 지금처럼 중소기업을 기피하지 않을 것이다.

## 인간 중심의 경제구조 확립

대학교수로 퇴직하는 사람과 초등학교 선생으로 퇴직하는 사람 중 누가 더 연금을 많이 받을까? 초등학교 선생이 더 많이 받는 경우가 종종 있다. 월급은 대학교수가 더 많지만 근속 기간에서 차이가 나기 때문이다. 초등학교 선생은 20대 초중반부터 시작해 정년까지 근속하는 반면, 대학교수는 30대 후반 혹은 40대에 시작한다. 당연히 근속 기간이 상대적으로 더 짧을 수밖에 없다.

이와 마찬가지로 대기업 임금의 80퍼센트 정도를 받는 중소기업 근로자도 근속 기간이 길면 퇴직 후 연금 생활이 가능해진다. 이렇게 되면 굳이 퇴직 후 리스크를 감수하며 자영업에 뛰어들 이유가 없다. 연금으로 여유 있게 생활하면서 노인빈곤을 피해갈 수 있기 때문이다.

미국이나 유럽에서 자영업 문제가 많지 않은 이유도 여기에 있다. 자영업에도 공급자와 수요자가 존재한다. 이들 나라에서는 퇴직한 이들이 자영업의 공급자가 아닌 수요자가 된다. 예를 들면, 얼리버드Early Bird라는 스페셜 디스카운트를 하는 식당이 많은데, 저녁 6시 전에 식사하러 오면 할인을 해준다. 이 서비스는 대부분 노인들이 누리는 혜택이다. 크루즈 관광객도 젊은이보다는 노인들이 더 많다. 연금 생활을 하면서 여유 있게 노년의 삶을 즐길 수 있는 경제구조가 마련돼 있기 때문이다.

그러나 우리나라처럼 조기퇴직을 하면 생계를 위해 자영업의 공급자가 될 수밖에 없다. 자영업에 대한 공급이 많고 수요가 없는 구조에서는 자영업 문제와 노인빈곤 문제 모두 해결이 불가능하다. 이 문제를 해소하기 위해서는 연금 생활자가 많아지는 구조로 바뀌어야 한다.

중소기업들의 생산성이 올라가고 더불어 임금도 올라야 이른 시기에 중소기업에 취직해서 오랫동안 근속하고, 그로 인한 연금 생활을 누릴 수 있다. 이를 위해서는 경제

구조의 근본적인 개혁이 이루어져야 한다. 그래야만 청년 실업, 공시족 문제, 저출산 문제 등도 자연스럽게 해결될 수 있다.

그런데 지금의 재벌 중심 체제로는 인간 중심의 경제구조, 인간 중심의 사회로 나아갈 수가 없다. 이러한 개혁을 하려면 우리나라의 경제 체질 자체를 바꾸어야 한다. 재벌 기업 위주의 독과점 체제가 아닌 공정 경쟁 체제로 나아가기 위한 개혁을 서둘러야 한다. 재벌 대기업과 물적자본 중심의 산업 구조를 기술력 있는 중소·중견기업과 인적자본 중심의 산업 구조로 바꾸고, 혁신 성장이 가능한 경제구조로 전환해야 하는 것이다.

# 경제력 집중에서
# 벗어나야
# 한국이 산다

## 한국의 재벌, 어떻게 시작되었는가

재벌 기업의 문제는 앞서 언급하긴 했으나 조금 더 깊게 다룰 필요가 있다. 우선 재벌의 정의가 무엇인지부터 살펴보자. 사실 우리나라에서는 재벌이라는 용어가 굉장히 산발적으로 쓰이고 있다. 학술적으로 이야기하자면 재벌은 특정 자연인 또는 가문이 실질적으로 지배하는, 경제력 집중이 야기될 만큼 큰 기업 또는 기업집단이라고 정의할 수 있다. 재벌을 실질적으로 지배하는 개인을 재벌 총수라고 부른다. 재벌의 조건을 만족하려면 우선 주체가 대규모 기업집단이어야 한다. '대규모'의 의미는 경제력 집중이 우려될 정도로 크다는 의미다.

재벌이라는 단어의 어원은 일본에서 찾을 수 있다. 일본에서 제2차 세계대전 전까지 가문에 의해서 지배되는 기업집단을 한자로 '재벌(財閥)', 일본 발음으로 '자이바츠'라고 불렀다. 제2차 세계대전 이후 맥아더 군정에 의해 일본의 재벌은 해체됐다. 미군정 이후에 해체되었던 과거의 재벌 소속사들이 다시 기업집단을 형성했는데, 이때 기업집단을 일본에서는 '계열(系列)', 일본 발음으로는 '게이레츠'라고 불렀다.

이처럼 일본은 재벌과 계열을 분리해서 이해한다. 계열과 재벌의 차이점은 기업집단을 실질적으로 지배하는 특정한 자연인이나 집안이 존재하는지 여부다. 제2차 세계대전 이후 일본의 계열은 우리나라의 재벌 총수 같은 존재가 없는 집단이었고, 제2차 세계대전 이전의 기업집단은 총수나 가문이 있는 재벌이었다.

일본의 영향으로 재벌이라는 용어가 우리나라에도 알려졌는데, 해방 이후 재벌이라는 말이 '부자'라는 의미로 쓰이기도 했다. 지금도 부자를 가리켜 "너 재벌이냐?"라고 묻곤 하는데 이 또한 여기서 연유한다. 그런데 이는 정확한 학술적 의미의 재벌은 아니다.

그렇다면 우리나라의 재벌은 언제부터 생겼을까? 혹자는 일제강점기 이후 1950년대부터 생겼다고 주장하기도 하지만 내 생각은 다르다. 1950~1970년대 초까지만 해도 우리나라는 농업 중심 국가였다. 제조업의 비중이 크지 않았고 중화학공업이 아닌 경공업 중심의 나라였다. 그러므로 경제력 집중이 우려될 만큼 대규모 집단의 기업이 존재했다고 보기 어렵다. 그리고 1970년대 초까지만 하더라도 기업집단의 순위 변동이 굉장히 심했다.

그러다 1970년대 이후 중화학공업 중심으로 경제구조가 바뀌면서 박정희 개발 체제에 협력해 성공한 기업집단이 생겨나기 시작한다. 이들이 사실상 재벌이 되었다고 볼 수 있다. 우리나라의 경우 1980년대 중반 이후 4대 재벌은 변화가 거의 없을 정도로 철옹성을 쌓게 된다. 이로 인해 1980년대 중반 이후부터 1990년대에 이르면서 재벌 체제가 심각한 사회문제로 부각되기 시작했다.

## 재벌의 경제력 집중, 왜 문제인가

'경제력 집중 현상Economic Power'이라는 말은 미국에서 제일 먼저 사용했다. 간혹 이 말을 두고 경제학에 나오지도 않는 용어를 소위 경제학자가 쓴다고 트집을 잡는 이들이 있는데 이는 잘못된 지적이다. 미국의 경우 1960년 이후 경제학 교과서에는 '경제력 집중 현상'이라는 용어가 잘 나오지 않기는 한다. 하지만 여기엔 이유가 있다. 그 당시 뉴딜 기간을 거치면서 미국에서 경제력 집중 문제가 다 해결되었기 때문에 그 용어 자체를 쓸 필요가 없었던 것이다. 그런데 최근 플랫폼 산업이 활성화됨에 따라 미국에서 다시 경제력 집중 문제와 뉴 브랜다이스 운동The New Brandieis Movement이 부각되기 시작했다.

사실 미국은 거대 기업집단이 형성되면서 경제력의 '존재' 자체를 문제 삼았다. 20세기 초 미국의 많은 사상가와 정치인들은 경제력의 존재Existence of Economic Power에 대해 우려를 했었다. 경제력 집중을 달리 표현하면 특정인이나 특정 집단이 경제적 가용자원의 상당 부분을 실질적으로 통제함으로써 민주적 통제에서 벗어난 경제 권력이 된 상황이라고 할 수 있다. 경제력 집중의 문제를 가장 먼저 제기한 것은 미국의 '진보 운동Progressive Movement'이었는데, 경제력 집중을 한마디로 '게이트 키퍼Gate Keeper'가 존재하는 상황이라고 정의했다.[64]

게이트 키퍼는 사회의 의사결정을 사실상 결정하는 특정인을 의미한다. 민주적 통제에서 벗어나는 경제 권력이 존재한다고 보는 것이다. 어떤 특정인이나 가문이 사회의 많은 경제적 자원을 통제하고 그것을 이용해서 자신의 이익을 관철하며 영향력을 행사하는 것을 의미한다.

당시 미국에서는 이를 다원주의에 기초하는 민주주의와 시장경제의 근간을 흔드는 가장 반체제적인 위협으로 보았다. 그래서 20세기 초 민주당과 공화당 개혁 세력이 연대해서 경제력 집중을 해소한다. 재벌의 경제력 집중 해소는 좌우의 문제가 아니라 다원주의에 기초한 시장경제와 민주주의의 근본을 잡는 문제라고 인식했기 때문이다.

공화당의 대표 인사는 시어도어 루스벨트Theodore Roosevelt였고 민주당 대표는 인사는 우드로 윌슨Woodrow Wilson이었으며, 당시 연방대법원 판사인 루이스 브랜다이스Louis Dembitz Brandeis도 참여했다. 이러한 선구자들이 나서서 경제력 집중을 해소하자는 운동을 벌였고, 록펠러의 스탠더드오일이라는 금권 트러스트Money Trust의 해체와 더불어 루스벨트의 뉴딜 정책을 거치면서 미국 재벌의 해체가 시작되었다.

당시 미국에서는 록펠러와 모건이 석유 산업과 철도 수

직계열화, 그리고 합병을 통해 산업 자체를 독점화시켰다. 특정인이 사회의 게이트 키퍼가 되는 것을 경계했던 대법원 판사 루이스 브랜다이스는 "감히 누가 록펠러나 모건에게 토를 달 수 있겠느냐?"라고 말하면서 경제력 집중 규제 fighting bigness에 초점을 맞춰야 한다고 주장했다. 올바른 민주주의와 시장경제를 위해 경제력 집중을 해소해야 한다고 판단한 것이다.

이때 안티-트러스트Anti-trust법, 이른바 경쟁법이 등장한다. 록펠러의 석유 산업과 모건의 철도 산업은 트러스트, 즉 신탁 구조였다. 신탁은 투자자에게 돈을 받아서 투자자에게는 수익만 배당하고 의사결정은 모두 자신이 하는 구조다. 당시 게이트 키퍼는 이러한 트러스트를 만들어서 주요 산업을 독점화했다.

## 경제력 집중을 막기 위한 미국의 노력

앞서 설명했듯이 미국 역사상 최고 부자로 꼽히는 록펠러는 1870년 '오하이오스탠더드석유회사'를 창설한 뒤 미국 내 정유소의 95퍼센트를 지배하는 '스탠더드오일 트러스트'를 조직했다. 이후 석유 사업에서 생긴 이윤으로 광산,

산림, 철도, 은행 등에 투자해 거대 자본을 형성해나갔다.

하지만 당시 미국에서는 이를 지켜보기만 하지 않았다. 민주당과 공화당의 개혁 세력들이 연대해서 이 문제를 해결하기 위해 앞장섰다. 이후 1911년 미국연방최고재판소로부터 독점금지법 위반 판결을 받은 트러스트는 해체된다. 그래서 오늘날 쉐브론ᶜᵛˣ, 엑슨모빌ˣᴼᴹ 같은 회사들이 생겨날 수 있었다.

미국은 이런 식으로 단 한 번에 경제력 집중 문제를 해결했다. 그러자 특정 산업의 독점화가 사라지고 다각화된 여러 산업, 어떤 경우에는 특정 산업에서 지주회사 구조의 재벌이 생기기 시작했다. 1920~1930년대 일본 재벌과 제2차 세계대전 후 일본의 계열 같은 회사들이 생기기 시작한 것이다. 그런데 이것이 대공황을 악화시킨 요인이라는 비판을 받게 된다.

이 문제를 해소한 것은 뉴딜 정책이다. 뉴딜 정책에서 프랭클린 루스벨트ᶠʳᵃⁿᵏˡⁱⁿ ᴿᵒᵒˢᵉᵛᵉˡᵗ가 가장 크게 기여한 것은 경제력 집중이 다시 생기는 것을 차단해 자본주의를 한 단계 업그레이드시킨 것이라 할 수 있다.

다시 말하자면, 뉴딜 정책의 가장 큰 성과는 방임형 자본주의를 제도화된 자본주의로 만든 것이다. 우리나라에서는 뉴딜 정책이 대규모 공공투자로만 알려져 있는데, 사실 이는 뉴딜에서 비교적 덜 중요한 부분이다. 뉴딜의 핵심은 당시의 경제력 집중을 해소하고 자본주의가 작동할 수 있는 여러 기반을 만들었다는 데 있다. 사실 프랭클린 루스벨트도 당시 이 문제를 굉장히 심각하게 생각하고 있었다.

1938년 루스벨트의 의회 연설 내용이 그다음 해에 《아메리카이코노믹리뷰America Economic Review》라는 저널에 실린다. '개인적인 권력이 민주적 국가 자체보다 더 강해지는 지점에 이르는 것을 참으면 민주주의의 자유는 더 이상 안전하지 않다'는 것이 핵심 내용이다.

루스벨트는 경제력 집중이 기본적으로 민주주의를 저해하는 위협이라고 보았다. 그래서 많은 정책을 통해 미국의 경제력 집중, 재벌 구조를 없애버리는 정책을 펴나갔고 그것이 바로 뉴딜 정책의 핵심이었다.

우리나라 경제의 가장 큰 문제점도 재벌과 하도급 체제가 혁신형 경제로 이행하지 못하게 발목을 잡고 있다는 점이다. 그런데 혁신형 경제와 불평등 문제를 해소하기 위해 재벌과 하도급 체제를 반드시 해결해야 한다는 인식에는 공감하면서도 이것을 바꾸지 못하는 이유는 무엇일까?

경제력 집중의 주역인 재벌들이 자신의 이익을 수호하기 위해서 사회 전반의 의사결정에 영향을 미치고 있기 때문이다. 재벌이 체제의 사실상 정치 권력이 되어버린 상황이다 보니 그들의 이익에 반하는 개혁을 시도하기가 쉽지 않다.

### 재벌 개혁 성공과 실패 사례에서 무엇을 배울 것인가

"우리나라에서 재벌 개혁은 가능할까요?" 이런 질문을 받으면 쉽게 답할 수가 없다. 물론 역사적으로 재벌 개혁을 이룬 나라도 있다. 하지만 대부분의 나라가 이런 개혁을 하지 못해 퇴보했고 우리나라 역시 갈림길에 서 있다.

미국은 루스벨트 시대를 거치면서 개혁을 이루어냈다. 물론 지금은 플랫폼 사업자들이 게이트 키퍼가 되어 과거 미국의 재벌들처럼 경제력 집중 문제를 야기하고 있으며, 이를 용납해서는 안 된다는 운동 또한 벌어지고 있다. 1980년대를 지나 새로운 혁신형 경제에서 생긴 도전을 마주했다. 그리고 다시 민주당과 공화당이 합심해서 시장경제 민주주의를 바로잡자는 운동을 일으키고 있는 것이다.

이스라엘의 경우 재벌이 형성되는 것을 막기 위해 2013년에 아주 체계적인 재벌 개혁을 시도했다. 독일과 일본은 제2차 세계대전 이후 미국에 의해 외생적으로 개혁을 할 수밖에 없었다. 그러나 일본은 미군정에서 경제력 집중을 막도록 한 장치와 규제를 완화하면서 다시 계열이 형성되었기 때문에 맥아더 개혁은 절반의 성공이라 할 수 있다.

그 외 나라는 대부분 재벌 개혁에 성공하지 못했다. 가장 대표적인 나라가 중남미 지역의 나라들이다. 멕시코의 경우 1930년대 미국처럼 대공황이 찾아왔다. 당시 멕시코 정부는 그 위기를 극복하기 위해 재벌의 기득권을 보호해 주었다. 그 과정에서 재벌의 권력을 훨씬 더 강화하는 악법을 계속 만들어나갔다.

예를 들면, 증여세를 국세가 아닌 지방세로 돌렸다. 세금을 지방자치단체가 담당하다 보니 부패는 더욱 심해질 수밖에 없었고, 급기야 나중에는 증여세 자체를 없애버리는 사태가 벌어졌다. 또한 기업집단을 지배하기 위한 지주회사 지분을 후손들이 팔려고 할 때, 가족들에게 우선적으로 팔도록 아예 법으로 정해버렸다.

멕시코에서는 문재인 정부가 기를 쓰고 통과시키려던

'차등의결권(복수의결권)'도 도입되었다. 이로써 외국 자본의 위협도 사라졌다. 멕시코는 1960년도에 한국보다 1인당 국민소득이 세 배가량 높았지만 50여 년이 지난 오늘날 멕시코의 1인당 국민소득은 한국의 3분의 1로 급감한 상태다.

차등의결권 주식은 한 주에 한 개 이상의 의결권이 있는 복수의결권 주식과 의결권이 한 개 미만인 부분의결권 주식으로 구분되는데, 흔히 복수의결권 주식을 지칭한다. 차등의결권 주식은 적은 자본으로 기업을 지배할 수 있도록 만드는, 이른바 '소유와 지배 괴리'를 증가시키는 수단 중 하나다. 소유와 지배 괴리 증가는 재벌 총수일가의 사익 편취와 경제력 집중을 심화시키고 세습을 용이하게 만든다.

문재인 정부는 2020년 12월 23일 비상장 벤처 기업에게 1주-10의결권의 복수의결권 주식 발행을 허용하는 '벤처기업육성에 관한 특별조치법 일부개정 법률안'을 국회에 제출했다.

그런데 한국 재벌은 계열사 간 출자라는 수단을 이용해 의결권을 행사한다. 2020년 5월 기준 공시 대상 55개 재벌 총수일가들은 평균 3.6퍼센트의 지분율로 57퍼센트의 의결권을 행사하고 있는 실정이다. 즉, 자기자본에 비해 15배가 넘는 의결권을 이미 행사하고 있다.

그런데 벤처 기업에 한정해 차등의결권을 허용한다는 법안이 내재하고 있는 허점과 문제점을 교묘히 악용해 만일 재벌들이 1주-10의결권의 복수의결권마저 이용할 수 있게 된다면 어떻게 될까? 단순한 산술적 계산으로도 1주에 150의결권의 행사가 가능해짐을 알 수 있다. 그야말로 재벌 총수일가는 철옹성을 쌓고, 차등의결권 주식을 활용해 세습마저 쉽게 할 수 있게 된다.

멕시코뿐만이 아니다. 대부분의 중남미 국가와 동남아시아의 나라들도 상황은 비슷하다. 경제력 집중에서 발생하는 문제를 해결하지 못하면 우리도 일본의 잃어버린 30년처럼 정체기를 맞을 뿐 아니라 퇴보할 수도 있다는 위기감을 가져야 한다.

## 경제력 집중을 해소하지 못한다면?

우리 사회에서 경제력 집중을 보여주는 단적인 사례는 재벌 총수일가에 대한 사법적 특혜다. 사회의 의사결정이 재벌 총수의 사익을 위한 방향으로 이루어지는 것, 그것이 바로 경제력 집중의 결과다. 따라서 경제력 집중 문제를 해소하지 않고는 우리의 사법 체계가 허용한 '3·5 법칙', 즉 '재벌 총수는 어떤 죄를 지어도 3년 징역 5년 집행유예에 그칠 뿐 감옥에 가지 않는다'는 관행이 사라지지 않을 것이다. 유죄를 선고받아도 결국 사면되는 것을 또다시 지켜봐야만 한다.

재벌의 경제력 집중이 초래하는 문제 중 가장 치명적인 것은 다원주의에 기초한 시장경제와 민주주의를 형해화<sup>形</sup><sup>骸化</sup>시킨다는 점이다. 미국의 진보 운동이 우려했던 것도 바로 이 부분이다. 또한 시스템 리스크가 발생할 수 있는데, 1997년 경제 위기 때 우리는 이를 목도했다.

2016년에 내가 펴낸 책『삼성전자가 몰락해도 한국이 사는 길』에서 삼성전자가 노키아처럼 어려워지면서 시스템 리스크가 발생하는 상황을 시뮬레이션한 적이 있다. 당면한 문제들을 해결해나가지 않으면 시스템 리스크가 올 가능성이 크기 때문에 이런 것을 막기 위해 사전에 개혁해야 한다는 취지로 쓴 책이다.

'삼성전자가 몰락해도 한국이 사는 길'이라는 제목 탓에 혹자는 '삼성전자가 몰락해야 한국이 사는 길'이라고 해석하고서는 "왜 삼성전자가 몰락해야 하느냐?"라고 항의하기도 했다. 나 역시 삼성전자가 몰락하는 것은 원하지 않는다. 그렇지만 영원히 살아남는 기업은 없다. 인간의 생이 유한하듯 기업도 성장하고 쇠퇴하는 사이클을 갖게 마련이다.

한 나라의 경제가 특정 기업에 지나치게 의존하는 것은 굉장히 위험하다. 이렇게 되면 시스템 리스크에 취약한 상태에 놓일 수밖에 없다. 그리고 이것은 혁신형 경제에도 맞지 않는다. 혁신형 경제의 가장 큰 특징은 불확실성이다. 누가, 무엇이 성공할지 사전에 알 수 없다. 그래서 가장 좋은 전략은 다양성을 확보하는 것이다. 다양한 생각을 가진 여러 집단이 서로 자유롭게 경쟁할 수 있어야 혁신형 경제도 성공할 수 있다.

하나의 특정 기업집단에 경제 전체가 의존한다면 결코 혁신형 경제를 이룰 수 없으며 그에 따른 시스템 리스크는 커질 수밖에 없다. 시장 차원에서 진입과 퇴출 장벽이 생겨 혁신이 일어나지 않고 궁극적으로 경쟁력이 저하되어 제조업에 위기가 찾아온다.

마지막으로 재벌 문제는 기업 차원에서 '기업 거버넌스

Corporate Governance'의 무력화를 초래한다. 황제 경영과 일감 몰아주기, 소수주주의 이익 침해와 계열사 M&A 등의 문제가 생기게 된다.

그런데 심각한 문제는 1997년 경제 위기 이후에 한국의 재벌 문제가 기업 거버넌스 문제로 둔갑했다는 사실이다. 미국식 기업 거버넌스를 도입하면서 재벌의 정의를 대기업으로 바꿔버린 것이다. 이로 인해 재벌 문제의 본질이 흐려지고 재벌의 경제력 집중을 심화시키는 부작용을 낳았다.

게다가 미국식 기업 거버넌스를 도입했지만 제대로 작동하지 않았다. 소유지배구조가 다르기 때문이다. 우리나라는 재벌 체제지만 미국은 뉴딜을 통해 재벌이 해체된 상태다. 따라서 이런 소유지배구조하에서 전문경영인과 주주 사이의 이해 상충을 해소하기 위해 사외이사나 주주 소송 제도 등이 도입된 것이다.

그런데 우리나라는 총수가 있는 재벌 체제이기 때문에 이해 상충의 문제는 총수로서 경영하는 기업의 대주주와 소수주주 사이에서 생기고 결국 소수주주 착취 문제로 이어진다. 이런 이유로 일감 몰아주기를 하거나 계열사 간

M&A를 할 때 합병 비율을 조정하는 등 대주주가 소수주주를 착취하는 이해 상충의 사례가 많이 늘어나고 있다.

핵심은 소수주주 착취를 막기 위한 기업 거버넌스 기제를 만들어주는 것이다. 그런데 이 부분은 외면하고 전문경영인과 주주의 이해 상충을 방지하기 위한 미국식 제도만 들여와서 재벌을 미국식 대기업 취급하는 것을 20년 넘게 해왔다. 이런 잘못된 접근은 한국 기업 거버넌스의 문제를 해결하지 못할 뿐 아니라 재벌 문제의 본질을 가리는 부작용을 낳고 있다.

# 이스라엘
# 재벌 개혁에서
# 우리가 배워야 할 것

## 이스라엘 재벌의 출현

대부분의 사람들은 이스라엘에도 우리나라와 같은 재벌이 존재하는 것에 대해 의아해한다. 사실 나도 처음에는 이에 대해 잘 몰랐다.

2014년 이후 이스라엘을 두 차례 방문한 적이 있다. 이스라엘 재벌 개혁에 관한 주제로 책을 쓰기 위해서였다. 당시 이스라엘 재벌 개혁의 주요 인사들과 인터뷰하고 자료를 수집하면서 몇 가지 주제에 대해 심도 깊게 연구했다. 그 주제는 '어떻게 재벌 개혁을 하게 됐을까?', '어떤 과정으로 개혁을 했을까?', '구체적인 개혁 내용은 무엇일까?', '실제 집행은 어떻게 이루어졌는가?', '집행에 대해 어떤 의미를 둘 수 있을까?' 등이었다.

이스라엘의 재벌에 대해 논하기 전에 이스라엘 역사 전반에 대해 먼저 살펴볼 필요가 있다. 이스라엘은 건국 이후에 1985년까지 사회주의 또는 사회민주주의 체제였다. 이스라엘 집권당은 노동당이었고, 그전에는 이스라엘 좌익 세력들이 결성한 사회민주주의 정당인 '마파이당'이 집권했었다. 이들은 1960년대 중반까지 가장 영향력이 컸던 정치 세력으로 오늘날 이스라엘 노동당의 전신이다. 이렇게 마파이당이 장기집권하면서 아랍 국가들과 많은 전쟁을 치렀고, 그 과정에서 재정적으로도 굉장히 취약해졌다.

1985년경에는 이스라엘 경제 자체가 붕괴될 지경에 이르게 된다. 이를 해결하고자 사회주의 체제를 급격하게 자본주의 체제로 전환하는 개혁을 시도한다. 1985년 이전에 이스라엘의 가장 큰 소유주는 국가와 노동조합이었다. 특히 이스라엘 노동조합은 이스라엘 기업을 많이 소유하고 있었다. 그러다가 대부분 적자를 면치 못하고 파산 위기가 오자 민영화를 시도한 것이다.

그런데 민영화 과정을 20년 정도 거치다 보니 경제력 집중이 생겨났다. 과거부터 자본력이 있던 집안이나 많은 돈을 갖고 외국에서 살던 유대인이 이스라엘로 돌아와 민영화된 회사를 사기 시작했다. 그들은 특히 보험회사와 은행을 집중적으로 사들였다. 그리고 그 돈으로 민영화한 기업을 추가로 계속 사들이는 방식을 취했다. 이런 과정을 통해 한국의 재벌처럼 경제력이 집중되는 피라미드 구조의 기업집단이 생기게 된 것이다.

2015년 이스라엘 국가경쟁력강화위원회에서 발표한 자료에 따르면, 이스라엘은 약 31개의 재벌사들이 2500개 이상의 기업을 소유하고 있는 것으로 집계됐다. 이스라엘 재벌의 경제력 집중도는 상위 10대 기업의 시가총액이 전체 상장기업 시가총액의 40퍼센트를 넘어설 정도로 세계적으로도 매우 높은 상황이었다.

## 이스라엘은 어떻게 재벌 개혁을 했는가

이스라엘의 기업집단은 다층 구조로 이루어져 있었다. 우리 방식을 차용해 표현하자면 '지주회사 – 자회사 – 손자회사…' 이렇게 내려가는 식이다. 그리고 금융회사, 비금융회사가 분리되지 않아 금융회사 돈을 이용해 비금융회사를 사들이는 관행이 반복되었다. 금융회사를 이용해 경쟁 관계에 있는 비금융회사에 불리한 조건을 제시해 경쟁 자체를 없애는 일이 벌어질 수 있다는 우려도 생겼다. 이런 문제들을 해결하고자 2013년 이스라엘의 '반경제력집중법'이 제정된다.

이 법은 흥미롭게도 위로부터의 개혁을 이끌어냈다. 2010년 이스라엘 정부는 '국가경쟁력강화위원회'를 만들었는데, 이 위원회는 개혁안을 만들고 의견을 취합해서 의회에 제출하는 역할을 담당했다.

| 주요 이슈 | 주요 내용 |
| --- | --- |
| 소유지배구조 | 상장회사 2층 구조의 피라미드 기업집단만 허용.<br>기존 기업집단은 6년 안에 이 조건을 충족해야 함.<br>새로운 기업집단에 대해서는 즉시 적용. |
| 금산분리 | 주요 금융회사와 주요 비금융회사의 동시 보유 금지.<br>(주요 금융회사는 기업집단 전체의 금융자산이 400억 세겔을 과하는 은행과 비은행 금융기관 또는 어음교환소, 주요 비금융회사는 기업집단 전체의 매출 또는 부채가 60억 세겔 이상이거나 한 개 이상의 독점 시장에서 기업집단 전체의 매출이 20억 세겔 이상인 비금융회사) |
| 국공유 자산 할당 조건 | 집중화된 기관(Concentrated Entities)의 민영화, 주요 공공입찰, 라이선스 획득 등에 참여 허용 여부를 권고하는 위원회(The Committee for the Reduction of Economic-wide Concentration) 설립. |

**2013년 이스라엘 재벌 개혁 주요 내용[66]**

사실 우리나라도 1986년, 대규모 기업집단 규제가 공정거래법에 처음으로 도입되었다. 당시 관료들이 재벌 규제의 필요성을 절감해서 나온 조치다. 하지만 어느 순간부터는 규제 자체가 제대로 되지 않았으며 힘의 균형이 무너지면서 바뀌기 시작했다.

이스라엘도 2010년쯤부터 이스라엘 관료나 정치인들이 문제점을 느끼기 시작하면서 개혁이 추진되었다. 이 개혁이 성공적으로 마무리될 수 있었던 데는 언론의 역할이 컸다. 당시《더마커》라는 특정 경제지가 몇 년 동안 지속적으로 이 문제를 이슈화시켰다. 이로 인해 개혁의 모멘텀을 계속 유지할 수 있었고 이스라엘 국민도 적극적인 지지를 보냈다.

이스라엘 재벌 개혁에 대해 재벌들의 반발도 상당했다. 당시 이스라엘 최대 재벌인 IDB그룹은 당국의 개혁안을 적극적으로 반박했다. '이스라엘처럼 작은 규모의 경제에서는 기업의 국제경쟁력 강화를 위해 상대적으로 높은 수준의 경제 집중이 일어날 수 있다'는 전직 대법원장의 주장을 인용하면서 경제력 집중이 이스라엘 경제에 해가 되지 않는다고 주장했다.

그러나 결국 이스라엘 의회Knesett는 2013년 12월에 반경제력집중법(Law for the Promotion of Competition and Reduction of Economic Concentration, 5774-2013, 줄여서 통상 'Concentration Law' 또는 'Anti-Concentration Law'라고 부름)을 반대표 없이 연정을 구성한 42명의 여당 의원과 30명의 야당 의원의 찬성으로 통과시켰다.[66] 한 명의 의원만 기권했는데, 당시 그가 기권한 이유는 '법안이 약하다, 더 강하게 해야 한다'라고 생각했기 때문이다. 그러므로 사실상 만장일치로 통과된 법이라 할 수 있다. 이 법안은 6년 동안 시행되었고 2019년 소유지배구조 규제와 금산분리는 완료되었다.

그 이후에도 국공유 자산 할당을 위해 집중화된 기관의 민영화, 주요 공공입찰, 라이선스 획득 등에 참여 허용 여부를 권고하는 위원회가 설립되어 활동 중이다. 민영화를 통해 이스라엘 재벌이 탄생했으니 또다시 재벌이 형성되는 것을 막기 위해 당국이 중심이 되어 국공유 자산이나 M&A를 할 때 경제력 집중이 일어나는지 지속적으로 심사하기 시작한 것이다.

이스라엘 내 재벌 중 IDB를 제외하고는 모두가 반경제력 집중의 조건을 2019년 말까지 만족시켰다. 이를 더 살펴보면, 2019년까지 법의 내용을 충족시키지 못하면 동법에 따라 주식을 관재인에게 넘겨야 하고 관재인은 그것을 처분하게 되어 있었다. 만약 처분하지 못하는 동안에는 의결권을 제한하는데 이는 실질적으로 소유권을 박탈하는 것이다.

이스라엘 최대 재벌 IDB는 개혁이 시작될 무렵 주인이 바뀌었다. 아르헨티나에서 부동산으로 막대한 돈을 번 유대인이 IDB를 인수했지만 그는 6년 안에 법이 정한 2층 출자구조 조건을 만족시키지 못했고, 자신의 주식을 법원에 넘기고 사업에서 손을 떼고 말았다. 이렇게 이스라엘은 소유지배구조 개편을 성공적으로 마칠 수 있었다.

## 금산분리와 경제력 집중 모니터링

금산분리란 은행, 보험, 기금 등의 금융자본과 실물 기업을 지배하는 산업자본 간의 결합을 제한하는 것을 의미한다. 금융회사와 비금융회사를 동시에 보유할 수 없다는 말이다. 금산분리를 주장하는 근거 중 하나는 은행이나 금융기관의 돈을 쉽게 활용해 무분별한 투자와 사업 확장을 할 수 있기 때문이다. 또 자본 조달 측면에서 불공정을 야기할 수 있고, 투자 자금이 부실화되면 금융위기를 초래해 경제 전체에 큰 피해를 입힐 수 있다.

금산분리와 관련해 이스라엘의 초기 아이디어는 엄격하게 시행하는 것이었다. 그러다가 조금 완화해서 대형 금융회사와 비금융회사를 동시에 보유하지 못하는 것으로 바뀌었다. 이때 기업은 하나의 회사를 말하는 것이 아니고 기업집단을 지칭한다. 금융회사 집단과 비금융회사 집단이 특정한 규모가 되면 동일인이 보유하지 못하도록 하는 법이다.

따라서 입법된 이스라엘 금산분리의 핵심 내용도 주요 금융회사와 주요 비금융회사의 동시 소유 금지다. 주요 금융회사는 기업집단 전체의 금융자산이 400억 세겔을 초과하는 은행과 비은행 금융기관 또는 자금결제기관을 의미한다. 주요 비금융회사는 기업집단 전체의 매출 또는 부채가 60억 세겔 이상이거나 한 개 이상의 독점시장에서 기업집단 전체의 매출이 20억 세겔 이상인 회사로 규정했다. 그리고 국공유 자산 할당 조건은 이런 소유지배구조나 금산분리 아이디어가 민영화를 통해서 다시 망가지지 않도록 감시하겠다는 것이다.

'경제력 집중 우려 집단Concentrated Entities'은 주요 금융회사, 주요 비금융 회사와 더불어 언론사나 인프라 독점적 사업자까지 포함한다. 이들 집단은 주요 공공입찰이나 라이선스 등을 획득할 때 경제력 집중의 우려에 대해 사전적 심사를 받아야 한다. 이스라엘은 해당 내용을 심사하고 권고하는 위원회를 별도로 만들었다.

## 경제력 집중을 막는 보완적 입법

그 외에도 경제력 집중법의 보완적 입법을 시행했다. 소수주주 보호를 위해 주총에 '소수주주 동의제Majority of Minority, MoM'를 도입했다. 지배주주의 사익 편취가 발생할 수 있는 사안에 대해 이스라엘은 상법에서 소수주주, 즉 지배주주와 계열사 지분을 뺀 비지배주주의 다수 동의를 받도록 한 것이다.

이스라엘은 기업이 일감 몰아주기를 하기 전에 감사위원회와 이사회, 주주총회의 승인을 받아야 한다. 일감 몰아주기와 같은 내부거래가 경영상의 합리성 때문에 하는 것인지 대주주가 착취하기 위해서 하는 것인지, 소수주주가

MoM을 활용해 판단하도록 만든 것이다. 소수주주의 입장에서 합리적인 경영을 위한 것이라고 판단되면 반대할 이유가 없을 것이고, 대주주 사익을 위해 하는 것이라고 판단될 때는 자신들의 손해를 막기 위해 반대할 것이다.

이스라엘에서는 기업의 총수일가가 임원으로서 받는 보수에 대해서도 3년에 한 번씩 소수주주의 동의를 받아야 한다. 현재 우리나라 재벌의 경우 총수일가가 여러 개 회사에서 직책 보수를 동시에 받고 있으며 그만큼 퇴직금도 많이 받는 사례가 계속 생기고 있다. 이는 소수주주에 대한 또 하나의 착취 사례다. 이스라엘은 이런 사안에 대해서도 소수주주의 사전 동의를 받게 하므로 지배주주의 친척이나 관련 있는 사람들이 과도하게 급여를 가져가는 사례가 많이 줄었다고 한다. [67]

인도에서도 MoM제도가 도입된 이후 일감 몰아주기가 상당히 감소했다는 학술적인 연구도 나왔다. [68] 우리나라는 재벌 기업들이 사익 편취 수단으로 일감 몰아주기를 많이 하고 있는데, 이를 공정거래법으로 규율하고 있다.

재벌 개혁 문제에서 빼놓을 수 없는 것이 계열사 간의 M&A 문제다. 우리나라의 경우 삼성물산과 제일모직이

합병할 때 합병 비율이 큰 문제가 됐었다. 결국 관련된 사람들이 형사처분을 받았다. 이처럼 계열사 간의 합병을 할 때도 총수일가에게 유리하게 합병 비율을 정할 수 있다는 문제가 계속 제기되고 있다.

사실 이런 사안들도 소수주주의 동의를 받게 했다면 문제가 생기지 않았을 일이다. 회사의 미래 성장에 중요한 시너지 효과를 낼 수 있는 합병이라면 소수주주가 반대할 이유가 없기 때문이다. 그런데 이런 건설적인 이유가 아니라 총수일가가 사익 편취의 일환으로 계열사를 합병한다면, 이 일로 손해를 보는 소수주주는 당연히 반대할 것이다. 이처럼 소수주주 동의를 강제하면 여러 가지 측면에서 효과적이다.

이스라엘이 MoM제도를 도입한 데는 또 다른 이유가 있다. 이스라엘은 기업집단 자체를 없앤 건 아니다. 상장회사 2층 구조의 작은 재벌은 존재한다. 재벌이라고 부를 만큼 경제력 집중을 우려할 만한 수준은 아니지만, 총수가 있는 중견기업집단들은 여전히 존재한다. 이런 상황에서는 소수주주가 착취를 당할 가능성이 여전히 있으므로 MoM제도가 도입된 것이다.

그리고 또 한 가지 이스라엘의 재벌 개혁제도에서 흥미로운 부분은 미국 델라웨어 법원의 상법부 모델과 유사하게 텔아비브 지방법원에 '경제부the Economic Division'라는 특별 재판부를 만든 점이다. 경제부에서는 증권법과 회사법 관련 소송만을 다룬다.

그렇다면 이 재판부는 어떤 역할을 할까? 회사법의 경우 해석의 문제가 상당히 중요한데 경제부는 일관되고 친경쟁적인 해석을 하고 있다.[69] 그러다 보니 법리나 판례가 신속하게 형성되면서 각종 개혁들을 아주 효과적이고도 빠르게 진행하는 것이 가능하다.

이스라엘 정부는 소송 비용까지 지원해준다. 대주주의 횡포를 막기 위해서는 소송이 필요한데, 이때 비용 문제로 소송을 못할까 봐 지원해주는 것이다. 집단소송이나 주주대표소송을 할 때는 이스라엘 증권 감독원인 ISAIsrael Security Authority가 소송 비용을 지원해준다.

하지만 우리나라의 경우 주주대표소송을 한다고 하면 소송 공화국을 만들 것이냐며 난리가 난다. 2020년 말에 국회를 통과한 상법 개정안에서는 다중대표소송을 제기할 요건도 강화되어 실효성이 더 없어지게 되었다. 주주대표

소송은 일부 주주들이 회사 경영진에 손해배상청구를 할 수 있도록 허용하는 제도다. 반면 다중대표소송은 모회사 주주가 자회사 경영진에게 대표소송을 제기할 수 있도록 허용하는 제도다.

실제로 자회사의 경영진이 모회사 최대주주와 결탁해서 모회사 소수주주의 이익에 반하는 의사결정을 하더라도 모회사 소수주주에게는 이에 대응할 수단이 없다. 따라서 이런 공백을 메우기 위한 제도가 다중대표소송이라고 할 수 있다.

그런데 주주대표소송도 활발하게 진행되지 않는 것이 현실이다. 경제개혁연구소에 따르면, 1997년부터 2017년 사이에 법원 판결이 내려진 주주대표소송은 총 137건이었다. 1년 평균 6.5건에 불과했으며, 137건 중 상장회사에 대한 주주대표소송은 47건에 불과했다. 대표소송이나 다중대표소송에서 승소하더라도 배상은 소송을 제기한 주주에게 귀속되는 것이 아니라 기업에 귀속된다. 따라서 주주들이 소송을 제기할 유인이 매우 낮은 게 현실이다.

소송은 무조건 나쁘다는 프레임으로 바라볼 게 아니다. 기득권의 이익 독점을 막기 위해서라도 적정한 수준의 소송은 필요하다. 그리고 소송이 자발적으로 이뤄지지 않을 경우 이스라엘 정부처럼 우리도 국가나 여타 기관이 지원해주는 정책을 고려해볼 필요가 있다.

## 한국 경제
## 혁신을
## 위한 제언

**한국 경제 혁신의 핵심은 재벌의 경제력 집중 해소**

한국은 1960년대 이후 '정부 주도-재벌 중심'의 경제발전 전략으로 전 세계적으로 유례없는 경제성장을 달성했다. 그러나 이런 재벌 중심의 발전 전략이 지속되면서 재벌의 경제력 집중이라는 문제점이 나타나기 시작했다. 그리고 결국 1986년에 독점규제및공정거래에관한법률('공정거래법') 제1차 개정에서 대기업집단 규제가 도입되기에 이르렀다.

그러나 이후 재벌의 경제력 집중은 오히려 심화되었다. 재벌의 사회적·정치적·경제적 영향력의 확대와 이로 인한 황제경영, 편법적 세습, 일감 몰아주기를 통한 사익 편취

등의 문제가 지속적으로 발생하고 있다.

산업적 관점에서 보면, 재벌의 내부거래 및 하청기업과의 전속거래는 시장에서 진입과 퇴출의 장벽을 높인다. 나아가 공정한 경쟁의 기회를 박탈함으로써 중간재 산업에서 혁신이 제대로 일어나지 못하는 원인이 되는 것은 물론 산업전환에도 걸림돌이 되고 있다.

제조업의 고도화, 탄소중립을 위한 그린 산업으로의 전환 및 디지털 전환 등을 위해서 기업 소유지배구조의 유연성을 확보할 필요가 있다. 그리고 이를 위해서 출자구조 규제와 사익 편취 규제의 대전환이 필요한 시점이다.

출자구조 규제의 목표는 기업집단이 특정 사업을 중심으로 스스로 재편하도록 유도하는 동시에 산업 차원에서는 진입과 퇴출을 촉진해 경쟁을 강화하는 데 있다. 또 경제 전반으로는 경제력 집중을 완화하는 것이다.

총수일가 또는 지배주주의 사익 편취 규제는 이들이 정상적인 경영활동의 결과로서 이윤을 획득하는 것 외에 다른 방식으로는 이익을 취할 수 없도록 함으로써 이들의 유인이 기업 이익과 일치하도록 만드는 데 목적이 있다.

## 기업집단 출자 규제와 구조적 금산분리

이스라엘의 재벌 개혁에 대해 자세히 다룬 이유는 우리나라의 재벌 개혁에 참조할 만한 내용이 많기 때문이다. 물론 우리나라는 이스라엘과 경제 규모가 달라서 모든 기업집단을 일괄 규제하는 것보다는 순차적인 규제가 더 맞을 수도 있다.

새로운 출자 규제는 다음 세 가지를 핵심 내용으로 한다. 첫째, 어떤 회사(지주회사)로부터 (100퍼센트 미만으로) 출자받은 회사(자회사)는 다른 제3의 회사(손자회사)에 (100퍼센트 미만으로) 출자를 금지한다.[70] 둘째, 특정 기업이나 자연인이 '주요 금융회사(그룹)'와 '주요 실물회사(그룹)'를 동시에 지배하는 것을 금지하고, 그 밖의 복합금융그룹에게는 통합감독체계를 적용한다. 주요 회사(그룹)에 대한 정의는 이스라엘의 개혁 사례를 참고해 국내 실정에 맞게 조정할 수 있다. 마지막으로, 지주회사에만 부채비율 상한을 적용한다.

새로운 출자 규제의 적용은 순차적으로 한다. 경제 규모나 기업 수 등을 고려해 새로운 출자 규제는 4대 재벌, 상호출자 제한기업집단, 공시대상 기업집단, 모든 기업집단순으로 순차적으로 적용할 수 있다. 순차 적용을 통해 정책의 수용성을 높일 수 있으며 산업의 독과점화도 상당 부분 해소 가능하다. 이와 같은 개혁을 통해 경쟁이 촉진될 수 있는 상황이 마련된다면, 개별 기업들의 최적 규모와 투자는 시장에서 결정될 수 있다.

이런 개혁 방안을 기존 공정거래법상의 대규모 기업집단 규제와 비교해보면 다음과 같다. 현행 지주회사 규제에 적용되는 지주회사의 자회사에 대한 지분율 규제도 불필요하며, 100퍼센트 출자는 출자 단계 계산에서 제외한다. 현행 지주회사 규제에 적용되는 지주회사 지정 기준도 불필요하다. 외부차입으로 경제력 집중을 심화시킬 가능성을 차단하기 위해서 지주회사에 대해서만 부채비율을 제한하고, (사업을 하는) 자회사에는 적용하지 않는다.

궁극적으로 출자 규제도 (대기업집단뿐 아니라) 모든 기업들에게 적용된다. 따라서 지주회사 규제와 순환출자 규제를 별도로 둘 필요가 없으며, 규제 회피 문제도 없어진다. 또한 현행 공정거래법에서와 같은 대기업집단 지정은 필요하지 않다. 대신 공정거래위원회는 '주요 금융회사(그룹)'와 '주요 실물회사(그룹)'를 지정하면 된다.

한편 지주회사 규제에서 엄격히 적용되는 구조적 금산분리를 완화해 '주요 금융회사(그룹)'와 '주요 실물회사(그룹)'에만 적용한다. 이스라엘처럼 지주회사 체계에서 행해지는 엄격한 금산분리를 완화함으로써 특정 기업집단이 주요 금융회사와 실물회사를 동시에 지배하는 것만이라도 막자는 것이다. 나머지 경우에는 복합금융 감독체계를 적용하면 된다.

새로운 출자 규제는 시행에 앞서 보다 엄밀한 시뮬레이션과 의견 수렴이 필요요. 하지만 출자구조 개혁의 효과가 시차를 두고 발생함을 고려할 때 시행은 점진적으로 하되 시행을 위한 법제도의 확립은 신속하게 이뤄져야 한다. 한편 출자 규제에서 지배할 목적이 아닌 10퍼센트 또는 5퍼센트 이하의 지분 투자 허용 여부를 검토할 수 있다.[71]

## 사익 편취 규제를 위한 MoM 도입

주요 대기업의 사익 편취 규제는 공정거래법 규제 대신 소수주주와 기관투자자 중심의 자율 규제로 대전환할 필요가 있다.

지배주주의 사익 편취를 막기 위해 상법에 MoM 도입

이 필요하다. 앞서 소개했듯이 MoM은 주주총회에서 특수관계인(지배주주일가와 계열사를 포함한 개념)의 사적 이해가 걸린 사항에 대해 특수관계인을 제외한 소수주주의 과반 동의를 얻도록 하는 제도다.

계열사 간 내부거래는 합리적인 거래일 수도 있고, 지배주주의 사익 편취를 위한 거래일 수도 있다. 또한 지배주주 일가가 이사나 임원으로서 받는 보수나 퇴직금 수취, 계열사 간 기업합병 등도 합리적인 결정일 수도 있고 지배주주의 사익 편취를 위한 것일 수도 있다. MoM의 논거는 합리적 내부거래 등에 대해서는 소수주주들이 반대할 이유가 없으나, 사익 편취를 위한 것이라면 반대할 것이라는 점이다.

대기업집단의 지배주주 또는 재벌 총수일가의 사익 편취 행위는 현재 공정거래법에서 규제하고 있지만 실효성에 한계가 있다. 또한 지배주주의 사익 편취는 대기업집단에서만 발생하는 문제만은 아니다. 따라서 지배주주의 사익 편취는 상법에서 규율하도록 해야 한다.

MoM 도입은 상장회사 그리고 모든 외감 주식회사를 대상으로 순차적으로 시행할 필요가 있다. 상법에 MoM을 도입하면, MoM의 대상이 되는 거래에 대해서는 공정거래법의 적용을 면제하거나 관련 조항을 삭제하는 방식으로 공정거래법 개정도 필요하다.

MoM제도가 잘 작동하려면 기관투자자 역할이 매우 중요하다. 우리나라에서는 기관투자자 역할을 할 수 있는 곳이 국민연금밖에 없는데 국민연금은 '스튜어드십 코드 Stewardship Code'가 도입되었음에도 너무나 소극적이다.

스튜어드십 코드는 기관투자자들의 의결권 행사를 적극적으로 유도하기 위한 자율 지침이다. 기관투자자들이 투자하는 기업의 의사결정에 적극적으로 참여해서 주주 및 기업의 이익 추구와 성장은 물론 투명한 경영 등을 이끌어내는 것이 목적이다. 하지만 국민연금은 재계의 지속적인 압박 등의 이유를 들면서 주주권 행사에 소극적이다. 따라서 향후 스튜어드십 코드를 더욱 강화할 필요가 있다.

### 노사 상생 모델과 신사업 정책

앞으로의 산업 구조는 디지털 전환과 기후변화에 대응하기 위해 급격히 바뀔 가능성이 높다. 전 세계 산업에 혁신의 기운이 꿈틀대고 있는데 우리나라는 재벌 대기업 중심으로 일렬로 서 있다 보니 유연성이 전혀 없다.

미국이나 유럽은 각 산업 분야별로 독립적으로 움직이기 때문에 각자도생하면서 스스로 적응하기 위한 혁신을 감행한다. 반면 우리 기업들은 그저 위만 바라보고 있는 형국이다. 곧 몰아닥칠 산업 구조의 변화에 적응하려면 상당한 어려움을 겪을 수 있다. 이러한 리스크를 줄이기 위해서라도 노사정 협의가 필요하다.

현대자동차에는 수많은 내연 부품 관련 하청기업들이 전속계약으로 묶여 있다. 하지만 현대자동차는 그 회사들에 대해 법적인 책임이 없고 또 책임지려고도 하지 않는다. 반면 해당 업체들이 일말의 자구책도 없이 현대자동차만 바라보고 있다면 어떻게 될까? 현대자동차 경영에 문제가 생기면 같이 망할 수밖에 없는 게 현실이다. 이렇게 되면 현대자동차와 그 하청기업들이 몰려 있는 울산, 창원 등의 지역 경제도 파탄이 날 수 있다.

이처럼 대기업 중심의 전속거래와 고탄소 배출 구조를 가진 한국 제조업에서의 산업 구조조정이 지역 사회에 미칠 영향은 지대하다. 따라서 전통적인 노사문제로만 생각하면 해결하기 어렵다. 이런 문제를 방지하기 위해서는 탄

소중립을 위해 탄소 배출량이 많은 산업의 선제적 구조조
정이 매우 절실하다.

　이와 같은 구조조정이 원활하게 이뤄지려면 노사 간 합
의가 필수다. 산업별 노사정을 통해 상생 모델을 만들어 사
업 재편과 고용 변화에 선제적으로 대응해야 한다. 노사 간
의 신뢰 구축을 위해 노동이사제를 도입해야 하며, 노사정
이 공동으로 재교육과 취업 알선 프로그램을 운영할 필요
도 있다.

　가령 노키아의 '브리지 프로그램'과 유사한 프로그램 도
입을 고려해볼 만하다. 노키아가 몰락하자 핀란드의 살로
지역은 급속한 구조적 변화를 겪게 되었다. 이에 핀란드 고
용경제부는 2009년 9월부터 2013년 말까지 살로 지역을
'급속한 구조 변화 지역'으로 지정하면서 그 지역에 '살로
비즈니스서비스센터'를 설립했다. 이를 기반으로 해고된
노동자들이 새 직장을 찾도록 돕고 신생 기업을 창업할 수
있도록 교육과 지원 사업을 시행했다. 기업의 자체 노력 외
에 중앙정부와 지자체의 공동 노력이 매우 중요함을 알 수
있는 대목이다.

　이처럼 노사정이 함께 전반적인 지역 경제, 중소기업의

이직 문제, 재교육 문제 등을 해결하기 위해 협업해야 한다. 기회가 열려 있어야 이직과 재교육이 가능하며, 재벌 경제구조가 바뀌어야지만 이직과 도전의 기회가 생긴다. 그리고 이 모든 일들을 동시에 해야 한다.

## 플랫폼 독점 규제와 적극적인 재분배 운동

디지털 플랫폼의 전성시대를 맞아 플랫폼 노동자들도 급증하고 있다. 고용노동부와 한국고용정보원이 발표한 자료에 따르면, 전체 취업자의 8.5퍼센트에 해당하는 220만 명이 플랫폼 노동자다(2020년 기준). 하지만 이들이 처한 노동 현실은 척박하기만 하다.

대표적인 플랫폼 기업인 쿠팡에서도 산재 보험 문제가 불거졌다. 2020년 3월 30일, 전기자전거를 타고 일하던 쿠팡이츠 배달노동자 40대 여성이 5톤 트럭에 치여 숨지는 사고가 발생했다. 그러나 고인은 산재보험 기준인 월 소득 115만 원, 종사 시간 93시간을 충족하지 못해 산재 보험을 적용받지 못했다. 두 가지 이상의 일을 하는 대다수의 쿠팡이츠 노동자들은 이 기준을 충족하지 못해 일하다 사고가 나도 산재보험 적용을 못 받는 것이다.

플랫폼 문제는 관련 노동자들의 문제에 그치는 것이 아니다. 플랫폼 산업의 불공정 경쟁 문제도 심각하다. 미국에서는 2021년 민주당과 공화당 하원 법사위 의원들이 아마존, 애플, 페이스북, 구글 등 대표적인 빅테크 기업들을 대상으로 '더 강력한 온라인 경제: 기회, 혁신, 선택을 위한 반독점 어젠다'라는 명명하에 총 다섯 개 법안을 공동으로 발의했다. 이로써 '뉴 브랜다이스 운동'의 포문을 열었다.

바이든 대통령도 '미국 경제에의 경쟁을 촉진하기 위한 행정명령'을 발동하면서 뉴 브랜다이스 운동의 대표적인 인사 세 명을 주요 경제 직책에 임명했다.

플랫폼 산업의 규제 문제에 있어서 한국과 미국은 상황이 다르다. 예를 들어 아마존은 다른 독립적인 판매자 제품을 팔면서 동시에 자체 브랜드 제품도 팔기 때문에 문제가 생기곤 했다. 우리는 상대적으로 이런 문제는 덜한 편이다. 오히려 플랫폼의 데이터를 이용해 다른 산업으로 지배력을 전이시켜 문어발식으로 뻗어나가는 게 문제다. 플랫폼 산업의 문어발식 레버리지는 심각하게 다룰 필요가 있다. 미국의 뉴 브랜다이스 운동과는 포인트가 다르지만, 우리 입장에서는 훨씬 더 심각하게 받아들여야 할 사안이다.

그럼에도 여야는 빅테크를 육성하자고 한목소리를 내고 있는 실정이다. 인터넷전문은행을 보유한 빅테크 기업 카카오는 금융 및 플랫폼 산업으로 문어발식 확장을 하며 질주하는 중이다. 또한 '전자금융거래법 일부개정법률안'은 네이버라는 빅테크 기업이 사실상 은행 기능의 일부를 수행할 수 있도록 만들어줄 수 있다.

혁신이라는 허울로 동일 기능에 대해 동일 규제를 적용하지 않는 사이, 네이버와 카카오와 같은 빅테크 사업자들은 새로운 재벌이 되고 있다. 빅테크 기업에 의한 혁신의 소멸, 독과점 심화로 인한 소비자와 독립 소상공인이 겪는 폐해, 개인정보 보호의 미비라는 잠재적 위험 등이 초래하는 결과는 생각보다 더 심각할 수 있다. 그럼에도 우리의 정치인과 관료는 이에 별다른 관심이 없어 보인다.

## 양극화 해소와 경제적 생애주기 복구

오늘날 우리 사회가 당면하고 있는 고용 없는 성장, 대기업과 중소기업의 격차 심화로 인한 청년실업, 조기퇴직, 자영업 몰락, 노인빈곤의 경제적 생애주기 문제 등을 해결하기 위해서라도 경제구조 개혁은 시급하다.

이와 더불어 기업 연금의 정상화와 직무급 중심의 임금 체계 개편, 실질적 정년 연장이 필요하다. 이를 뒷받침하기 위해서는 노동개혁, 재정개혁, 복지개혁이 이루어져야 한다. 이런 개혁은 궁극적으로 청년들이 조기에 노동시장에 참여하고, 근속 기간이 길어지고, 국민 다수가 연금으로 노후 생활을 할 수 있는 경제구조를 만드는 토대가 될 것이다.

박정희 개발 체제에서 새로운 경제 체제로의 패러다임 전환이 이루어져야 불평등 극복과 경제성장을 동시에 달성할 수 있다. 그러기 위해서는 한두 가지를 개혁하는 데 그쳐서는 안 된다. 종합적이고 대대적인 개혁이 필요하다. 지금 그런 개혁을 해야만 혁신 경제로 나아갈 수 있다.

양극화를 비롯한 각종 사회적 문제를 해결함으로써 젊은이들이 자신의 경제적 생애주기를 예상할 수 있게 해야 한다. '나는 언제까지 일하고 어느 시점에 퇴직해서 어떻게 살 것인가' 등의 인생 설계를 할 수 있는 경제구조로 가야 한다. 그러기 위해서는 가장 핵심적이고 가장 어려운 재벌 개혁이 필요조건이다.

공정성이나 ESG가 중요해진 것처럼 사
회 전반에 일어난 변화가 재벌 체제나
구조적 문제에 긍정적인 영향을 줄 수
있는가?

그렇다. 공정성과 ESG 문제에 대한 국민의 인식
이 달라지면 재벌 문제에 대한 이해도가 심화될 수
있다. 하지만 그 자체가 재벌 개혁에 긍정적으로
작동할 수 있다고 보지는 않는다. 다만 더 심도 있
게 문제를 이해할 수 있는 계기가 될 수 있고, 그 계
기를 잘 살려야만 긍정적으로 작동할 수 있다.

그렇지 않고 피상적인 관심에만 그친다면 본질적인 문제를 보지 못 하게 하는 또 하나의 가리개 역할을 할 위험이 있다. 1997년 경제 위기 이후 기업 거버넌스(지배구조)가 강조되면서 재벌 문제의 본질이 많이 희석되었고 그 과정에서 재벌 문제는 훨씬 더 심각해졌다. 이처럼 잘못된 방향으로 갈 수도 있으니 주의해야 한다. 즉 공정성과 ESG는 양날의 칼이 될 수 있으므로 우리가 어떻게 쓰느냐에 달려 있다고 볼 수 있다.

---

구글이나 아마존 같은 플랫폼 기업이 공룡 기업이라고 불릴 만큼 규모가 커지고 있다. 현재 미국은 이 기업을 상대로 어떻게 경제적 집중 문제를 해결하고 있는가?

거대 플랫폼 기업의 등장으로 시장경제 오작동에 대한 경고는 미국의 진보와 보수 진영 모두에서 터

져나왔다. 보수 경제학의 산실인 시카고대학의 스티글러 센터도 본격적으로 문제를 제기했다. 그리고 바이든 대통령은 '뉴 브랜다이스 운동'의 대표적 인사를 백악관 국가경제위원회 기술·경제 특별보좌관으로 임명했다. 리나 칸Lina Khan을 연방거래위원회FTC 위원장으로, 조너선 캔터Jonathan Kanter를 법무부 반독점국의 최고책임자로 각각 임명한 것이다.

이후 관련 법안인 '온라인 경제 강화를 위한 독점 금지 어젠다Anti-Monopoly Agenda for A Stronger Online Economy: Opportunity, Innovation, Choice'를 제정했다.

이 법안의 핵심 내용은 네 가지인데, 첫 번째는 아마존처럼 자체 브랜드 상품과 독립 상품을 같이 팔면서 독립 상품의 정보를 자체 브랜드를 파는 데 활용하는 불공정 거래를 막자는 것이다. 두 번째는 킬러 합병Killer Acquisitions에 대한 심사를 강화한다는 것이다. 킬러 합병이란 페이스북이 인스타그램을 합병하고 구글이 유튜브를 합병한 것처럼, 장차 자신들의 독점을 위협할 수 있는 신생 기업이 나오면 빠르게 합병해버리는 것을 의미한다. 세 번째는 데이터를 통한 진입장벽과 '스위칭 코스트Switching Cost'가 높아지는 걸 막겠다는 것이다. 네 번째는 검색에 관한 것이다. 예를 들면 구글 검색기로 검색했을 때 구글 앱이 먼저 나오는 등 자사 서비스가 먼저 노출되는 것을 막는 것이다.

이 가운데 세 번째와 네 번째는 네이버, 카카오와도 매우 관련이 깊은 내용이다.

# 경제 개혁을 위한 시민운동이 필요한 시대

한국 경제는 1960년대 이후 정부 주도-재벌 중심의 발전 전략을 통해 눈부신 성과를 이룩했다. 그러나 경제성장과 1990년대 이후 혁신 경제의 본격적 도래로 과거의 성공 공식이 더 이상 작동하지 않게 되었다. 나아가 정부 주도-재벌 중심의 경제 체제는 한국 경제가 혁신형 경제, 포용적 성장, 탄소중립으로 나아가는 데 걸림돌이 되고 있다.

재벌 대기업 중심의 전속계약 관계, 그리고 이에 따른 단가 후려치기와 기술 탈취는 혁신의 기회와 유인을 앗아가고 제조업 특히 중간재 산업에서 혁신과 융합을 가로막고 있다. 이로 인해 생기는 대기업과 중소기업의 격차, 정규직과 비정규직의 임금 격차 등이 소득 불평등으로 전이 되면서 조기퇴직과 청년실업, 자영업의 문제와 노인빈곤, 저출산 등 우리 사회의 수많은 이슈의 근본 원인이 되었다.

지금은 한국 경제의 구조를 근본적으로 바꾸는 경제구조 자체의 혁신이 절실한 시점이다. 혁신과 포용적 성장, 그리고 산업전환을 통한 탄소중립 이행을 위해서 가장 먼저 재벌을 중심으로 한 경제구조의 일대 개혁이 진행돼야한다. '이런 개혁을 어떻게 할 수 있을까'라는 질문에 대한 대답은 이 책의 마지막 장에서 상세히 다루었다. 정책 기술적 측면에서 볼 때 이 과감한 개혁은 충분히 가능하다.

문제의 핵심은 '어떻게 개혁을 해야 할 것인가'가 아니라, '어떻게 해야 이런 개혁이 가능할까'이다. 정부 주도-재벌 중심의 경제 발전 결과, 지금 우리 사회에는 거대재벌 총수일가를 정점으로 하는 강력한 기득권 세력이 형성되었다. 그리고 이들이 실질적으로 여론 형성과 정책 결정을 좌지우지하는 사실상 정치 엘리트de facto politial elite로 군림하고 있다.

그러나 우리 사회가 혁신 경제, 포용 성장, 탄소중립으로 이행해나가지 못한다면 어떻게 될까? 과거 경제 위기의 경험에서 알 수 있듯이 가장 큰 피해를 입을 사람은 다수의 일반 국민이다. 다수의 일반 국민이 똑바로 인식하고 변화를 요구하지 않으면 바뀌지 않을 것이다. 이를 위해서는 20세기 초 미국에서 일어났던 진보운동과 같은 조직화된 사회운동과 정치 연대가 필수다. 이 책이 이런 시민운동의 조직화에 부싯돌 역할을 할 수 있기를 소망한다.

주석

1   Lucas Jr., Robert E, 1993, Making a miracle, Econometrica 61(2), 251-
    272.

2   최상오, 2003, "이승만 정부의 수입대체공업화와 한 · 미 간 갈등," 사회연
    구, 6, 129-162

3   Andersen, Jøgen Juel, Niels Johannesen, and Bob Rijkers, 2020, "Elite
    Capture of Foreign Aid: Evidence from Offshore Bank Accounts,"
    World Bank Policy Research Working Paper 9150.

4   국내총투자 대비 해외 저축 자료는 한국은행, 그 외 자료는 세계은행 자료
    임.

5   Böhler, Dominik, Marc Steffen Rapp, and Michael Wolff, 2020, "Direc-
    tor Networks, Firm Performance, and Shareholder Base: Can Foreign
    Investors Mitigate Local Governance Problems," Unpublished Working
    Paper.

6   Aghion, P. and P. Howitt, 2006, "Appropriate Growth Policy: A Unify-
    ing Framework", Journal of the European Economic Association, 262-
    314.

7   자료 출처: 세계은행

8    자료 출처: 세계은행

9    자료 출처: 세계은행

10   Aghion and Howitt, 2006.

11   Aghion, P., Blundell, R., Griffith, R., Howitt, P., & Prantl, S. 2004.
     "Entry and productivity growth: Evidence from microlevel panel data,"
     Journal of the European Economic Association 2(2-3), 265-276.

12   Aghion, Philippe, Richard Blundell, Rachel Griffith, Peter Howitt, and
     Susanne Prantl. 2005. "The Effects of Entry on Incumbent Innovation
     and Productivity." Review of Economics and Statistics 91(1), 20-32.

13   Comin, Diego, and Sunil Mulani. 2009. "A Theory of Growth and Vola-
     tility at the Aggregate and Firm Level." Journal of Monetary Economics,
     56(8), 1023-1042.

14   Fogel, K., Morck, R., & Yeung, B. 2008. "Big business stability and
     economic growth: Is what's good for General Motors good for Ameri-
     ca?", Journal of Financial Economics, 89(1), 83-108.

15   Aghion, Philippe, Robin Burgess, Stephen Redding, and Fabrizio Zili-
     botti (2008). "On the Unequal Effects of Liberalization: Theory and
     Evidence from Indian Delicensing Data." American Economic Review
     98(4), 1397-1412.

16   출처: D. Acemoglu, D., P. Aghion, and F. Zilibotti, 2006, "Distance

to frontiers, selection and economic growth", Journal of the European Economic Association, 37-74.

17  Acemoglu, Aghion and Zilibotti, 2006.

18  자료 출처: 한국은행

19  현대경제연구소, 2018.4.8. "한국 주력산업의 위기와 활로"

20  ZDNet Korea, 2109.4.12. "삼성이어 SK · LG도 I 분기 '반 · 디' 어닝 쇼크 예상"

21  자료 출처: OECD 경기 전망, 통계와 추정(데이터베이스)

22  자료 출처: UNIDO Statistics Data Portal

23  자료 출처: 통계청

24  자료 출처: 중국승용차연석회의

25  대외경제정책연구원, 2020, 중국 산업구조 고도화에 따른 한중 경쟁력 변화와 대응전략, 연구보고서 20-01.

26  최현경 · 안지연, "한계기업 결정요인 분석과 코로나19 이후 기업구조조정에 대한 시사점: 제조업 상장기업을 중심으로", 산업연구원 이슈페이퍼, 2021-10.

27 경향신문, 2021.8.11, "미국, 석탄→신재생에너지 '광속' 전환..풍력 · 태양광 전년 대비 2배 성장"

28 관계부처 합동, 2021.10.18, 2050 탄소중립 시나리오안

29 자료 출처: 탄소중립위원회, 2020.10.18.

30 이외에도 A안과 B안에는 다음과 같은 차이가 있다. (A안) 도로부문 전기 · 수소차 등으로 전면 전환 v. (B안) 도로부문 내연기관차의 대체연료(e-fuel 등) 사용 가정; (A안) 국내생산수소 전량 수전해수소(그린수소)로 공급 v. (B안) 국내생산수소 일부 부생 · 추출 수소로 공급; (B안) 포집탄소는 차량용 대체연료로 활용 가정.

31 관계부처 합동, 2021. 10. 18, 2030 국가 온실가스 감축목표(NDC) 상향안.

32 자료 출처: 탄소중립위원회, 2020. 10. 18.

33 IPCC, 2018, Global Warming of 1.5°C : Summary of Policymakers, p.16.

34 https://m.hankookilbo.com/News/Read/A2022051308180005037

35 https://www.joongang.co.kr/article/25082358#home

36 김현우, 2021, 2050 탄소중립 시나리오가 담아야 할 것, 노동N이슈, (2021-05), 1-13.

37 정은미, 2022, 탄소중립 노력과 산업계의 과제 지식협동조합 좋은나라 이 슈페이퍼 제395호.

38 자료 출처: 맥킨지

39 현대차노조 대의원대회 보고자료

40 자료 출처: 에너지경제연구원

41 산업연구원, 2016, 대기업 협력업체의 수출 확대 방안 연구.

42 산업연구원, 2020, 「중소기업 공정거래 기반 구축 및 혁신역량 강화」 경 제·인문사회연구회 협동연구총서 20-35-01.

43 Olley, S. and A. Pakes, 1996, The Dynamics of Productivities in the Telecommunications Equipment Industry, Econometrica 64(6), 1263-1297.

44 자료 출처: 전국금속노조울산지역공동위원회, 2015, 원하청불공정거래 실 태 및 대안.

45 조돈문, 2020, 문재인 정부 사회경제정책 긴급점검 (2): 전 국민 고용보험 제. OhmyNews. (http://www.ohmynews.com/NWS_Web/View/at_pg.aspx-?CNTN_CD=A0002664189)

46 조선일보, 2017.3.14, 직장인 10명 중 1명만 정년퇴직… 조기퇴직자 40% "계층 추락"

47 이데일리, 2021.8.1, "'평생직장' 옛말..평균근속 15년2개월, 쉰도 못돼 그만 둬"

48 자료 출처: 중소벤처기업부, 2022.2.16, '국내 기업 가치 1조 원 돌파 이력 기업 및 현재 유니콘 기업 현황'

49 자료 출처: 2020년 벤처기업정밀실태조사, 43쪽.

50 CB Insight (https://www.cbinsights.com/research-unicorn-companies)

51 https://biz.chosun.com/site/data/html_dir/2016/07/25/2016072500215.html

52 자료 출처: OECD Statistics

53 https://news.v.daum.net/v/20220627200714470?x_trkm=t

54 정은미, 2022, 탄소중립 노력과 산업계의 과제. 지식협동조합 좋은나라 이슈페이퍼 제395호.

55 탄소생산성을 C, 국내총생산을 Y, 탄소배출량을 F라고 표기하면, "C = Y / F"이다. 양 변에 로그(logarithm)를 취하고 다시 시간에 대해 양 변을 미분하면, 탄소생산성 증가율은 경제성장율을 더하기 탄소배출량 감소율로 표시된다.

56 김현우, 2021, 2050 탄소중립 시나리오가 담아야 할 것, 노동N이슈, 1-13.

57  김지희, 2050 탄소중립시나리오에 대한 비판과 제언 현안과 정책 제378호.

58  https://news.v.daum.net/v/20220703212220450?x_trkm=t

59  www.ohmynews.com/NWS_Web/Articleview/article_print.aspx?cntn_
cd=A0002835943

60  한국은행, 2021, "주요국 기후변화 대응정책이 우리 수출에 미치는 영향
– 탄소국경세를 중심으로", 조사통계월보 제75권 제7호 ,2021.7., 이천기
외, 2021, "EU 탄소국경조정 메커니즘에 대한 통상법적 분석 및 우리 산업
에의 시사점", KIEP 오늘의 세계경제, Vol. 21 No. 15.

61  한국은행, 2021, 주요국 기후변화 대응정책이 우리 수출에 미치는 영향 –
탄소국경세를 중심으로, 조사통계월보, 2021년 7월호.

62  이주관 외. 2021, "글로벌 탄소중립 시대의 그린뉴딜 정책과 시사점,"
2021 KIEP 정책연구 브리핑.

63  https://news.mt.co.kr/mtview.php?no=2021100409432834792&-
type=1

64  Becht, M. and J. B. DeLong, 2005, Why Has There Been So Little Block
Holding in America? in: Morck, Randall K. (Ed), A History of Corpo-
rate Governance Around the World, Chicago: University of Chicago
Press, pp.613-666.

65  박상인, 2017, 왜 지금 재벌개혁인가,미래를 소유한 사람들, 표 3-1

66 이스라엘 반경제력집중법에 대한 자세한 소개는 "박상인, 2021, 이스라엘의 2013 반경제력집중법, 서울대학교출판문화원"을 참고하라.

67 Fried, Jesse M., Ehud Kamar, and Yishay Yafeh. 2020. The Effect of Minority Veto Rights on Controller Pay Tunneling. Journal of Financial Economics 138-3, 777-788.

68 Li, N., 2018. Do Greater Shareholder Voting Rights Reduce Expropriation? Evidence from Related Party Transactions, Columbia University Ph.D. Thesis.

69 Aran, Yifat and Moran Ofir, 2020, The Effect of Specialised Courts over Time: in Ranchordas S. and Roznai Y, (Eds)Time, Law and Change: An Interdisciplinary Study, Oxford: Hart Publishing.

70 단, 외국인투자 촉진법상 예외가 인정되어, 자회사가 국내에 외국인투자자와 JV(합작회사) 설립은 가능하다.

71 이런 식의 재벌 개혁이 정책 기술적으로 가능하다는 것은 두 차례에 걸쳐서 시뮬레이션을 통해 확인되었다. (박상인. 2017. 이스라엘 경제력집법의 한국 재벌 개혁에 대한 함의. 한국경제포럼 제10권 제3호 1-32, 2017; 박상인, 2021, 『이스라엘의 2013 반경제력집중법』, 서울대학교 출판문화원)

KI신서10460

# 지속 불가능 대한민국

**1판 1쇄 인쇄** 2022년 10월 7일
**1판 2쇄 발행** 2024년 4월 15일

**지은이** 박상인
**펴낸이** 김영곤
**펴낸곳** (주)북이십일 21세기북스

**서가명강팀장** 강지은 **서가명강팀** 박강민 서윤아
**디자인** THIS-COVER
**출판마케팅영업본부장** 한충희
**마케팅2팀** 나은경 정유진 백다희 이민재
**출판영업팀** 최명열 김다운 김도연 권채영
**제작팀** 이영민 권경민

**출판등록** 2000년 5월 6일 제406-2003-061호
**주소** (10881)경기도 파주시 회동길 201(문발동)
**대표전화** 031-955-2100 **팩스** 031-955-2151 **이메일** book21@book21.co.kr

**(주)북이십일** 경계를 허무는 콘텐츠 리더

21세기북스 채널에서 도서 정보와 다양한 영상자료, 이벤트를 만나세요!
페이스북 facebook.com/jiinpill21       포스트 post.naver.com/21c_editors
인스타그램 instagram.com/jiinpill21    홈페이지 www.book21.com
유튜브 youtube.com/book21pub

서울대 가지 않아도 들을 수 있는 명강의! 〈서가명강〉
유튜브, 네이버, 팟캐스트에서 '서가명강'을 검색해보세요!

ⓒ 박상인, 2022

ISBN 978-89-509-4239-7 04300
     978-89-509-7942-3 (세트)